MANUEL

DE

L'OFFICIER

DE

POLICE JUDICIAIRE MILITAIRE

PAR

A. CHAMPOUDRY

Officier d'Administration Greffier
Auteur du *Manuel des tribunaux des armées
de terre et de mer,*
et du *Formulaire de questions à l'usage*
des tribunaux des armées de terre et de mer

P. DANIEL

Licencié en droit
attaché au Ministère de la Guerre
(Bureau de la Justice militaire)

PARIS

L. LAROSE, LIBRAIRE-ÉDITEUR

22, RUE SOUFFLOT, 22

1881

MANUEL DE L'OFFICIER

DE

POLICE JUDICIAIRE MILITAIRE

741

IMPRIMERIE
CONTANT-LAGUERRE

BAR-LE-DUC

MANUEL

DE

L'OFFICIER

DE

POLICE JUDICIAIRE MILITAIRE

PAR

A. CHAMPOUDRY

Officier d'Administration Greffier
Auteur du *Manuel des tribunaux des armées
de terre et de mer,*
et du *Formulaire de questions à l'usage
des tribunaux des armées de terre et de mer*

P. DANIEL

Licencié en droit
attaché au Ministère de la Guerre
(Bureau de la Justice militaire)

PARIS

L. LAROSE, LIBRAIRE-EDITEUR

22, RUE SOUFFLOT, 22

1881

PRÉFACE.

—⚬—

La loi du 18 mai 1875, en apportant des modifications au Code de justice militaire, a eu pour objet de supprimer la justice sommaire et souvent inégale des cours martiales auxquelles on était obligé de recourir en temps de guerre, afin de maintenir la discipline dans les armées en campagne. Le but que s'est proposé le législateur a été d'atteindre sûrement toutes les fautes de nature à porter atteinte à la sécurité de l'armée et de les réprimer avec promptitude, de façon à ce que le châtiment atteignant le coupable dans un bref délai, le moral du soldat fût suffisamment frappé pour retenir dans le devoir ceux qui seraient tentés de s'en écarter.

Cependant, tout en armant l'autorité supérieure d'un pouvoir suffisant, écartant quelques-unes des formes de la procédure, relativement trop lente, suivie devant les conseils de guerre des circonscriptions territoriales en état de paix, la loi a voulu assurer aux accusés les garanties nécessaires contre les formes trop expéditives des cours martiales.

Une des principales conséquences de cette loi est d'imposer à tous les officiers, sans exception, l'obligation de concourir à l'action de la justice en les investissant des fonctions d'officier de police judiciaire. C'est donc à tous les officiers de l'armée que nous dédions ce Manuel dans lequel ils trouveront, sans recherches pénibles, en même temps que le moyen de remplir utilement les importantes et délicates fonctions du magistrat instructeur, les règles essentielles pour formuler les divers actes judiciaires.

Nous avons fait suivre la partie technique de son Complément indispensable : les textes du Code militaire, annotés et commentés à l'aide des Lettres, Circulaires ministérielles et Arrêts de cassation intervenus pour interpréter la loi et fixer la jurisprudence.

Notre seul désir est d'être utiles en faisant un livre pratique et élémentaire contenant, avec les règles générales des devoirs de l'officier de police judiciaire, les plus petits détails d'application. Nous avons cherché avant tout à être clairs et exacts et, mettant de côté toute question d'amour-propre, nous avons toujours sacrifié le style, la forme au fond; ne demandant qu'un accueil favorable pour toute récompense de ce modeste travail.

ABRÉVIATIONS.

C. M . . . .   Code de justice militaire.

I. C . . . .   Code d'instruction criminelle.

C. P . . . .   Code pénal ordinaire.

D . . . .   Décret.

Cass . . . .   Arrêt de la Cour de Cassation.

Circ. minist . . . .   Circulaire ministérielle.

Inst. minist . . . .   Instruction ministérielle.

Dép. minist . . . .   Dépêche ministérielle.

L. minist . . . .   Lettre ministérielle.

Circ. Minist. J . . . .   Circulaire du Ministre de la Justice.

V . . . .   Voyez.

280 -- s . . . .   N° 280 et suivants.

Art . . . .   Article.

P . . . .   Page.

POLICE JUDICIAIRE MILITAIRE.

1. L'autorité militaire a sa police, comme le pouvoir judiciaire. Ses fonctions sont analogues à celles indiquées en l'article 8 du Code d'instruction criminelle. La police judiciaire militaire recherche les crimes et les délits, en rassemble les preuves et en livre les auteurs à l'autorité chargée d'en poursuivre la répression devant les tribunaux militaires. Sa mission se termine au moment où la justice est saisie par le général commandant la circonscription, à qui viennent aboutir toutes les procédures suivies par les officiers de police judiciaire militaire.

2. Avant la promulgation du Code de justice militaire, l'instruction préliminaire ne commençait qu'à partir de l'ordre d'informer donné par le général; les actes antérieurs n'étaient considérés que comme des documents sans aucune force probante; ce qui obligeait le rapporteur à reprendre juridiquement la constatation de faits souvent matériels qui, cependant, étaient suffisamment établis par des actes émanés d'autorités ayant caractère pour les dresser. — Ce sont ces involutions de procédure que le Code a voulu éviter et l'instruction ministérielle du 23 juin 1875, relative à l'application de la loi du 18 juin précédent, a mis définitivement un terme à ces errements toujours préjudiciables à la rapide et bonne administration de la justice militaire.

3. Ainsi que l'a jugé la Cour de cassation, la police judiciaire embrasse non-seulement les actes préparatoires antérieurs à l'instruction, mais l'instruction elle-même, en ce sens que l'instruction a également pour but de constater et de réunir les preuves des crimes et des délits. Nous allons donc nous occuper de ces divers actes préparatoires et les retracer successivement en indiquant les formes dans lesquelles ils doivent être établis pour remplir le vœu de la loi.

4. Les articles 84 et 85 du Code militaire énumèrent les agents qui sont appelés à exercer la police judiciaire dans l'armée. Ce sont :

Les adjudants de place;

Les officiers, sous-officiers et commandants de brigade de gendarmerie;

Les chefs de poste;

Les gardes de l'artillerie et les adjoints du génie;

Les rapporteurs près les conseils de guerre. Ceux-ci seulement dans le cas de flagrant délit.

Les commandants et majors de place;

Les chefs de corps, de dépôt et de détachement;

Les chefs de service d'artillerie et du génie;

Les membres de l'intendance militaire.

Les commandants et majors de place, ainsi que les autorités désignées à la suite, peuvent requérir les officiers de police judiciaire de formaliser les actes nécessaires, s'ils ne veulent agir personnellement.

5. Les chefs de corps peuvent déléguer les pouvoirs que leur donne la loi, à l'un des officiers sous leurs ordres.

6. Cette faculté a été accordée aux chefs de corps, et à eux seuls, par la loi du 18 mai 1875, modificative du Code militaire. Voici comment s'exprime, à ce sujet, l'instruction ministérielle relative à l'application de la dite loi :

« Du reste, la loi nouvelle donne le moyen (*art. 85*) de faciliter l'examen des affaires et d'abréger la durée de la détention préventive, ce qui est très-important. — En effet, d'après l'ancien article 85 du Code militaire, les chefs de corps

pouvaient faire personnellement les actes nécessaires à l'effet de constater les crimes ou les
délits, et d'en livrer les auteurs aux tribunaux
chargés de les punir; mais cette obligation d'agir
par eux-mêmes, en toute circonstance, pouvait
être difficile à remplir. Il leur est permis, désor-
mais, de déléguer à un officier sous leurs ordres
le droit de procéder à ces opérations. Toutefois,
il importe d'user, avec une grande réserve, de ce
droit de délégation, et ce n'est qu'autant qu'ils
ne pourront agir *personnellement*, qu'il leur sera
loisible d'y recourir, en désignant, pour les sous-
officiers et soldats, un officier du grade de capitaine au moins, et pour les officiers, le lieutenant-
colonel du régiment ou, à défaut, un officier
supérieur.

» Il ne suffira donc plus, à l'avenir, d'adresser
simplement au général commandant la circonscription territoriale la plainte formée contre un
militaire. Cette plainte devra être l'objet, au
préalable, sur les lieux, de toutes les cons-
tatations que peuvent faire, d'après la loi, les
officiers de police judiciaire, et, par suite, tous
les procès-verbaux ou autres pièces de nature à
servir à la manifestation de la vérité devront être
transmis à l'autorité militaire chargée de statuer. »

7. Cette même circulaire comprend encore, dans
un autre ordre d'idées, une disposition qu'il

n'est pas inutile de faire connaître, car elle a
pour objet de créer un corps de justice militaire
suffisamment éclairé, en préparant une pépinière
de jeunes officiers dont l'expérience, acquise pendant le temps de paix, sera une garantie de la
bonne administration de la justice dans les armées
en campagne, où les fonctions de commissaire du
gouvernement et de rapporteur seront exercées
par le même officier. Nous entendons parler de la
disposition rappelée par une circulaire ministérielle du 1er novembre 1879, portant que : « des
officiers, appartenant à chacune des divisions,
seront constamment et successivement attachés
aux conseils de guerre permanents comme substituts des commissaires du gouvernement et des
rapporteurs, afin de pouvoir étudier la loi militaire
pendant le temps qu'ils passeront dans les par-
quets, et acquérir les connaissances nécessaires
pour remplir convenablement en campagne les
fonctions, qui seront alors réunies, de commissaire
du gouvernement et de rapporteur. »

8. Lorsque la plainte est établie par un chef
de détachement, il doit procéder lui-même à l'information. Il adresse la plainte directement au
général commandant la division, et en rend
compte à son chef de corps. Le général commandant la division transmet la plainte au général
commandant la circonscription territoriale, avec

son avis personnel. (*Note ministérielle, 9 juin 1870.*)

9. Quoique l'instruction ministérielle du 23 juin 1875, déjà citée, ne contienne aucune prohibition à cet égard, nous recommanderons aux chefs de corps de ne pas confier les fonctions d'officier de police judiciaire au capitaine commandant la compagnie, lequel, agissant d'après les règlements comme intermédiaire entre les hommes placés sous ses ordres et le chef de corps, devient alors partie plaignante et ne peut pas équitablement procéder à l'instruction préparatoire qu'il a provoquée par son rapport dénonçant les faits délictueux. Cette appréciation est confirmée par une lettre ministérielle du 15 novembre 1877.

10. Ainsi que le dit M. Foucher, dans son savant Commentaire sur le Code de justice militaire, le projet primitif de codification portait une disposition spéciale permettant, en cas de concurrence entre les agents désignés aux articles 84 et 85, de donner la préférence à l'agent le plus propre à constater, d'après sa nature même, l'infraction commise.

Cette disposition, qui portait le titre 114 du projet, était ainsi conçue :

« Lorsqu'il y aura concurrence entre plusieurs

officiers de police judiciaire désignés dans l'article précédent (*art. 113 devenu 84 et 85*), la préférence appartiendra au plus élevé en grade, et à grade égal, au plus ancien de grade, sauf les exceptions ci-après :

» La préférence appartiendra :

» 1° Aux commandants et majors de place pour tous les crimes ou délits commis dans la place, sauf néanmoins les crimes ou délits d'administration ou de comptabilité militaire, pour lesquels les membres de l'intendance militaire auront la préférence sur les commandants et majors de place ;

. » 2° Aux membres des corps de l'intendance militaire pour les crimes ou délits d'administration ou de comptabilité militaire ;

» 3° Aux officiers et gardes d'artillerie et du génie pour les dégradations qui seraient commises dans les ouvrages de fortifications, bâtiments, magasins ou autres établissements placés sous leur surveillance ;

» Dans les autres cas que ceux qui sont spécifiés dans les divers numéros du présent article, la préférence, à égalité de grade, appartiendra toujours aux officiers, sous-officiers et commandants de brigade de gendarmerie. »

11. Tout en approuvant le principe exprimé dans cette disposition, la commission ministérielle

en demanda la suppression dans la double intention de diminuer le nombre des articles du Code et
de simplifier le texte, laissant-à un simple règlement d'exécution le soin de déterminer le mode de
préférence. Dans la pratique, lorsqu'il y aura concurrence entre plusieurs agents, l'officier revêtu
du grade le plus élevé devra donc prendre pour
guide de sa décision les distinctions établies par la
disposition du projet qui a conservé toute sa force
morale.

PROCÉDURE.

12. Le dossier de procédure à adresser à l'appui de la demande en conseil de guerre devra renfermer les pièces suivantes :

1° Rapport du commandant de la compagnie (*formules suivantes*);

2° Etat signalétique et des services ;

3° Relevé du folio de punitions (*2 expéditions*);

4° Situation de masse en avoir ou en débet;

5° Etat des armes et effets emportés et non représentés (*cet état pour la désertion seulement*);

6° Délégation du chef de corps (*formule n° 19*);

7° Procès-verbal d'interrogatoire (*formule n° 56*);

8° Procès-verbaux d'information (*formule n° 124*);

Et, s'il y a lieu, les divers actes indiqués aux différents chapitres contenus dans cet ouvrage.

13. Rapport du commandant de compagnie.

3ᵉ RÉGIMENT D'INFANTERIE.

1ᵉʳ BATAILLON.   2ᵉ COMPAGNIE.

A monsieur le Colonel commandant le régiment.

RAPPORT tendant à traduire le soldat Bertrand, Paul, en conseil de guerre *pour vol de deniers au préjudice d'un militaire.*

Le 20 novembre dernier, le sergent-major Dubois fut informé, par le soldat Renaud, qu'une somme de 50 francs, composée de deux pièces de 20 francs, — une de 5 francs en argent, — une de 2 francs et trois de 1 franc, renfermée dans un porte-monnaie bourse en daim avec fermoir en cuivre, lui avait été dérobée pendant la nuit, ainsi que le contenant, dans la poche de son pantalon accroché à la tête de son lit. Il fit part des soupçons qu'il avait portés sur le soldat Bertrand, son camarade de lit, lequel, quoique ne recevant point d'argent de sa famille, avait fait dans la matinée des dépenses relativement importantes.

Le sergent-major me rendit immédiatement

compte de ces faits, et j'ordonnai une fouille générale en ma présence.

En opérant la dite fouille, le sergent-major, assisté du sergent de semaine et du caporal de chambrée, découvrit dans le lit du soldat Bertrand, caché entre la paillasse et le matelas, un porte-monnaie que le soldat Renaud reconnut pour le sien; il renfermait encore les deux pièces de 20 francs.

Interrogé sur la présence de ce porte-monnaie dans sa literie, le nommé Bertrand nia d'abord être l'auteur du vol..... disant ne pas savoir comment..... ni par qui ce porte-monnaie avait pu être déposé là,... etc...; pressé de questions et interrogé sur la provenance d'une somme d'environ 7 francs dépensée par lui le matin à la cantine, il finit par avouer, qu'entraîné par un sentiment mauvais, il avait fouillé dans la poche de Renaud pendant son sommeil, le matin, vers trois heures, et lui avait volé son porte-monnaie contenant 50 francs, sur lesquels il avait dépensé 8 francs 60 centimes.

Je me fis alors remettre le porte-monnaie et la somme restant pour être joints à la procédure à suivre comme pièces de conviction.

Attendu que le vol est *constant et avoué*, que ce crime est prévu par l'article 248 du Code militaire, je demande que le nommé Bertrand soit traduit devant un conseil de guerre.

Les témoins du crime sont :

1° Renaud, Jean, soldat à la 2ᵉ compagnie, 2ᵉ bataillon;

2° Dubois, Louis, sergent-major à la 2ᵉ compagnie, 2ᵉ bataillon;

3° Dumas, Alfred, sergent à la 2ᵉ compagnie, 2ᵉ bataillon;

4° Ferrand, Léon, caporal à la 2ᵉ compagnie, 2ᵉ bataillon;

Fait à Paris, le 3 décembre 1880.

Le Capitaine commandant la compagnie.

15. *RAPPORT* tendant à traduire le nommé Bertrand, Paul, en conseil de guerre, *pour refus d'obéissance à un ordre relatif au service à lui donné par son supérieur.*

Le soldat Bertrand subissait une punition de 15 jours de prison, qui lui avait été infligée pour réponse grossière à un de ses supérieurs, lorsque, le 10 novembre au matin, le caporal Ferrand se rendit aux salles de discipline et donna à Bertrand l'ordre de se mettre en tenue pour assister au peloton de punition : « *Je ne veux pas me mettre en tenue et je ne me rendrai pas au peloton!* » lui répondit cet homme. En présence d'un refus aussi catégorique, et après avoir renouvelé cet ordre à plusieurs reprises, le caporal rendit compte à l'adjudant de semaine. Ce sous-officier se transporta à la prison, où, en présence du caporal et de deux hommes de garde, il intima au soldat Bertrand d'avoir à obéir à l'ordre que lui donnait le caporal Ferrand; sur un nouveau refus, il lui donna lecture de l'article 218 du Code militaire, et l'exhorta, sans plus de succès, à obéir.

Bertrand est un soldat indiscipliné, d'un caractère difficile, ne pouvant se plier à la discipline, il est du plus fâcheux exemple pour ses camarades.

. Le fait imputé à cet homme constituant le refus d'obéissance réprimé par le Code militaire, je demande qu'il soit traduit en conseil de guerre.

Les témoins du délit sont :

1º Ferrand, Léon, caporal, ... compagnie, ... bataillon;

2º Dubois, Louis, adjudant, ... compagnie, ... bataillon;

3º X...., soldat, ... compagnie, ... bataillon;

4º Y...., soldat, ... compagnie, ... bataillon.

Fait à Paris, le...

> *Le Capitaine commandant la compagnie.*

16. *RAPPORT* tendant à traduire le nommé Bertrand, Paul, en conseil de guerre, *pour désertion.*

Le 10 novembre dernier, le soldat Bertrand a quitté la compagnie, à Paris, vers neuf heures du matin, et il n'est rentré que le 3 décembre suivant, ramené par la gendarmerie.

Cet homme a emporté en désertant :

1° Une capote;
2° Un pantalon;
3° Un képy;
4° Une paire de souliers.

Aussitôt la rentrée de cet homme, je me suis rendu à la prison à l'effet de l'interroger sur les motifs de sa désertion et l'emploi de son temps; à toutes mes demandes il a opposé le mutisme le plus obstiné.

Bertrand est le type complet du mauvais soldat; il a déjà subi de nombreuses punitions pour manquements répétés à la discipline et principalement pour absences illégales; comme il a dépassé les délais de grâce accordés par l'article 231 du Code militaire, je demande qu'il soit traduit en conseil de guerre pour désertion à l'intérieur en temps de paix, avec la circonstance aggravante d'emport d'effets.

Ci-joint :

1° L'état signalétique et des services;
2° Le relevé des punitions;
3° L'état des effets emportés et non représentés;
4° La situation de masse.

Les témoins du délit sont :

X..., caporal à la compagnie;

Y..., soldat..... d°....

Fait à Paris, le...

Le Capitaine commandant la compagnie.

17. On a fréquemment hésité sur la question de savoir si un chef de corps a le droit d'arrêter la plainte portée par un commandant de compagnie.

Pour résoudre cette question, il nous suffira de répondre que l'article 86, dont le texte est impératif, ne donne au chef de corps aucun pouvoir de cette nature.

L'article 97, non moins impératif, dit que : Les actes et procès-verbaux dressés par les officiers de police judiciaire militaire seront transmis sans délai, avec les pièces et documents, au général commandant la circonscription. Là, non plus, nous ne trouvons trace d'un droit de refus quelconque accordé au chef du corps.

D'un autre côté, comme l'article 90 confère au général *seul* le droit d'ordonner ou d'arrêter les poursuites suivant l'inspiration de sa conscience, il est de toute évidence que le chef de corps n'a pas à apprécier, — lorsque toutefois la demande en conseil de guerre est basée sur une infraction tombant sous l'application d'une loi pénale, — mais à se conformer aux prescriptions impératives des articles 86 et 97 du Code militaire. — C'est comme officier de police judiciaire que la plainte lui est portée, et en cette qualité, il doit la recevoir, établir ou faire établir les procès-verbaux, et transmettre, sans délai, le résultat de l'information préliminaire à laquelle il a procédé, ou fait procéder, au général commandant la circonscription, seul juge de la suite à y donner. Car en agissant autrement il violerait manifestement l'esprit et la lettre de l'article 99, en empiétant sur le pouvoir attribué au général.

Ajoutons, en terminant, qu'aux termes d'une circulaire ministérielle en date du 9 juin 1870, s'il est régulier que le chef de détachement dénonce lui-même à l'autorité militaire supérieure les différents crimes ou délits qui peuvent être commis par des militaires placés sous ses ordres, il n'en est pas moins de son devoir d'en rendre compte immédiatement au chef de corps, lequel ne doit rien ignorer de ce qui se passe dans le régiment dont il a le commandement.

De cette façon, les droits du chef de corps demeurent intacts, lorsque les chefs de détachement agissent en dehors d'eux, puisque ces derniers sont tenus de les informer immédiatement des faits pour lesquels ils ont eu à porter plainte.

En résumé, il ressort clairement du texte même des articles ci-dessus rappelés, que le chef de corps n'a pas le droit d'arrêter la plainte portée par un commandant de compagnie, intermédiaire obligé entre les hommes de sa compagnie et le colonel.

18. Les dispositions de l'article 97 du Code militaire, prescrivant de transmettre sans délai les procès-verbaux avec les pièces et documents dressés par les officiers de police judiciaire au général commandant la circonscription sont une conséquence naturelle et obligée des pouvoirs qui lui sont conférés par la loi. Car le général est le chef de l'action publique dans la circonscription de son commandement, et lui *seul* a le droit de saisir les tribunaux militaires des crimes et délits qui peuvent s'y commettre.

19. **Délégation du chef de corps.**

8ᵉ RÉGIMENT D'INFANTERIE.

Nous, N..., colonel commandant le régiment,

Vu l'article 85 du Code militaire ;

Déléguons M. le capitaine..... pour procéder, comme officier de police judiciaire et en se conformant à la loi, à l'instruction à suivre contre le nommé (*nom, prénoms*), soldat à la.... compagnie du.... bataillon, inculpé de....., en l'invitant à nous transmettre tous actes et procès-verbaux dressés en exécution de la présente délégation.

Donné à Paris, le...

(*Sceau.*)   (*Signature.*)

20. Réquisition à un officier de police judiciaire.

Nous, N..... colonel commandant le génie de la rive gauche;

En vertu de l'article 85 du Code militaire;

Requérons M...., adjoint du génie, de procéder à l'instruction préliminaire à suivre contre le ·nommé (*nom, prénoms*), soldat au 1er régiment du génie, détaché au bureau du génie, inculpé de vol de deniers appartenant à un militaire.

M..... se conformera à la loi et nous transmettra à bref délai tous actes et procès-verbaux formalisés en exécution de la présente réquisition.

Donné à Paris, le...

    (*Sceau.*)   (*Signature.*)

21.   Dénonciation.

L'an mil huit cent quatre-vingt, le dix décembre, à deux heures de relevée;

Par devant nous, N...., capitaine au 3e régiment d'infanterie, agissant en qualité d'officier de police judiciaire, par délégation de M. le Colonel commandant ledit régiment, assisté du sieur X...., adjudant audit régiment, que nous avons choisi pour greffier, et à qui nous avons fait prêter serment d'en bien et fidèlement remplir les fonctions,

Est comparu le sieur (*nom, prénoms, qualité,*

demeure), lequel nous a requis de recevoir la dénonciation suivante qu'il nous a faite :

(*Détailler longuement le fait accompagné de toutes ses circonstances*).

Lecture faite au comparant de sa dénonciation, il a déclaré y persister, après l'avoir affirmée sincère et véritable, et a signé à chaque feuillet avec nous et le greffier..., *ou* nous avons signé avec le greffier, le comparant ayant déclaré ne le savoir.

Le greffier.   Le comparant.   L'officier de police judiciaire.

22. La dénonciation peut être rédigée à l'avance, ou sous les yeux de l'officier de police judiciaire par le dénonciateur, et ce n'est que s'il en est requis que cet officier est tenu de la rédiger lui-même d'après l'exposé qui lui en est fait. Si la dénonciation ou la plainte a été rédigée par le dénonciateur ou le plaignant, l'officier doit se borner à la signer lui-même et la faire signer à chaque feuillet par le comparant et le greffier, et à dresser, au bas, procès-verbal de sa réception. La plainte ou la dénonciation peut être rédigée sous forme de requête, de procès-verbal ou de lettre; la loi n'a prescrit aucune forme spéciale.

23   Plainte.

L'an mil huit cent quatre-vingt, le dix décembre,
à deux heures de relevée;

Par devant... (*comme pour la dénonciation*).....;

S'est présenté le sieur (*nom, prénoms, qualité, demeure*), lequel nous a requis de recevoir la plainte qu'il vient de nous rendre des faits ci-après détaillés :

(*Détailler le fait avec toutes ses circonstances.*)

De ce qui précède nous avons dressé le présent procès-verbal que nous avons signé à chaque feuillet avec le plaignant et le greffier...., *ou* que nous avons signé avec le greffier, le plaignant ayant déclaré ne le savoir.

Le greffier.   *Le plaignant.*   *L'officier de police judiciaire.*

24. Les dénonciations et les plaintes doivent énoncer :

1° Les nom, prénoms, profession et demeure des comparants ou des plaignants; des témoins, s'il y en a, et des prévenus, s'ils sont connus;

2° La nature et les circonstances des contraventions;

3° Le temps et le lieu où elles ont été commises;

4° Les preuves et les indices à la charge du prévenu.

25. La plainte est une déclaration par laquelle une personne défère à la justice un attentat, de la part d'autrui, dans sa personne, dans son honneur ou dans sa fortune.

26. Par suite d'un usage qui a prévalu comme règle dans les régiments, les chefs de corps se sont astreints à rendre compte personnellement au général commandant de tout crime ou délit qui leur est dénoncé contre un militaire sous leurs ordres ; c'est-à-dire de libeller et signer toute plainte sans distinction.

Ce mode de procéder, qui n'est consacré par aucune des dispositions de la loi, *si ce n'est pour la désertion (art. 95 C. M.)*, ne trouve pas non plus sa justification dans une saine application des principes de droit et de la hiérarchie. — Il s'ensuit que, dans le cas où une dénonciation mal fondée lui est remise, le chef de corps est ainsi mis dans la nécessité d'en assumer la responsabilité et, conséquemment, d'intervenir comme plaignant.

Aux termes de l'article 95, une intervention de cette nature est *exceptionnellement* exigible du chef de corps, lorsqu'il s'agit du fait de désertion. — Ce fait, qui ne lèse les intérêts de personne en particulier, est une infraction grave au service et à la discipline du corps : on conçoit donc que la loi impose au chef qui représente ce corps le devoir de dénoncer le fait délictueux à l'autorité supérieure. Mais en toute autre matière, il est de principe que la partie *lésée* ou *offensée* doit porter plainte, à la condition toutefois, si cette personne appartient à l'armée, qu'elle s'adresse à son chef direct pour lui exposer ses griefs par écrit ou de vive voix. C'est ainsi qu'un capitaine est, comme nous l'avons déjà dit, l'intermédiaire direct entre les hommes de sa compagnie et le chef de corps, pour saisir ce dernier des plaintes écrites ou verbales qu'il a reçues.

27. Cet abus que nous signalons peut avoir des inconvénients d'une certaine gravité lorsque l'armée est en campagne, alors que le nombre des officiers aptes à être employés comme juges au conseil de guerre est limité, puisqu'il distrait des officiers de ce service au moment où précisément on peut en manquer. On sait, en effet, que nul ne peut siéger comme juge s'il a porté la plainte ou s'il a connu de l'affaire précédemment à la mise en jugement.

28. Dans l'art. 33 du Code militaire, modifié par la loi du 18 mai 1875, on reconnaît que le législateur a senti qu'il pourrait y avoir pénurie d'officiers pour composer le conseil, puisqu'il a réduit de *sept* à *cinq* le nombre des juges dans les conseils établis, en vertu dudit article 33, aux armées appelées à opérer soit à l'extérieur, soit même à l'intérieur en temps de guerre. — C'est donc surtout aux armées en campagne qu'il conviendrait d'éviter de faire remplir inutilement l'office de *plaignant* à un officier qui n'est point partie lésée.

29. Voici la formule généralement employée pour la rédaction de la plainte dressée abusivement, ainsi que nous venons de le dire, par les chefs de corps :

30. Plainte en conseil de guerre.

3ᵉ RÉGIMENT D'INFANTERIE.

A Monsieur le général de division commandant la... circonscription militaire.

Le soussigné, N..., colonel commandant le régiment, a l'honneur de vous exposer que le nommé X....., fils de..... et de....., né le....., à....., arrondissement de..., département de..., taille 1 mètre 680 mm., — cheveux et sourcils....., front....., yeux..., nez..., bouche..., menton..., visage..., teint..., signes particuliers..., actuellement soldat à la 2ᵉ compagnie du 1ᵉʳ bataillon,

Entré au service en qualité d'appelé de la classe de...., le ....

Inscrit sur le contrôle du corps sous le numéro....., s'est rendu coupable de (*caractériser le crime ou le délit*).

Les témoins du crime ou du délit sont :

. . . .

Les pièces à l'appui de la procédure sont :

1° Un rapport du commandant de la compagnie ;

2° L'état signalétique et des services ;

3° Le relevé des punitions ;

4° La situation de masse ;

5° Les procès-verbaux établis en conformité de la circulaire ministérielle du 23 juin 1875 ;

6° *Tels objets* saisis comme pièces de conviction.

(Pour les déserteurs, il faut joindre à ces pièces : l'état indicatif des armes et des effets emportés, le procès-verbal d'arrestation ou de présentation volontaire.)

Pourquoi il vous demande qu'il soit informé, afin que ledit X... soit jugé conformément au Code militaire, et qu'il soit donné récépissé de la présente plainte.

Fait à Paris, le...

31. L'article 89 du Code militaire prescrit, lorsqu'il s'agit de constater un crime ou un délit de la compétence des tribunaux militaires ou de faire arrêter un de ses justiciables, dans un établissement civil, d'adresser à l'autorité civile ou judiciaire compétente des réquisitions tendant, soit à obtenir l'entrée de cet établissement, soit à assurer l'arrestation de l'inculpé.

L'autorité judiciaire ordinaire est tenue de déférer à ces réquisitions et, dans le cas de conflit, de s'assurer de la personne de l'inculpé.

Lorsqu'il s'agit d'un établissement maritime, la réquisition est adressée à l'autorité maritime qui est également tenue d'y faire droit.

32. La réquisition est adressée à l'autorité dont dépend l'établissement dans lequel l'officier de police judiciaire a besoin de pénétrer. S'il s'agit d'établissements civils, elle doit être adressée au préfet, au sous-préfet, au procureur de la République, ou au maire de la localité; s'il s'agit d'établissements militaires, la réquisition devra être adressée à l'officier général, supérieur ou autre, commandant sur les lieux. L'autorité dont dépend l'établissement ne peut pas se refuser à ce que l'action de la justice ait son cours.

33. L'officier de police judiciaire devra se faire accompagner, pendant l'accomplissement de son mandat, par le chef de l'établissement, afin de prouver, par la présence de ce dernier, la légalité de sa mission. Le chef de l'établissement devra en outre signer les procès-verbaux dressés en sa présence, conformément à l'article 92.

34. Réquisition pour pénétrer dans un établissement.

Nous, N..., capitaine au 3ᵉ régiment d'infanterie,

officier de police judiciaire par délégation de M. le Colonel commandant ledit régiment;

Vu les articles 85 et 89 du Code militaire;

Attendu qu'il est indispensable à la manifestation de la vérité de constater l'état des lieux où a été commis le crime sur la personne de...;

Requérons Monsieur le Préfet (*ou toute autre autorité*) qu'il nous soit donné accès dans *tel* établissement.

Fait à Paris, le...

35. Ainsi que le dit l'article 91, les officiers de police judiciaire ne peuvent s'introduire dans une maison particulière, si ce n'est avec l'assistance du juge de paix, de son suppléant, du maire, de son adjoint, ou du commissaire de police.

36. Pour pénétrer dans la maison d'un citoyen, l'officier de police judiciaire devra s'adresser à l'une des autorités locales désignées en cet article, afin qu'elle ait à l'accompagner et à l'assister dans ses investigations. L'autorité requise ne peut s'y refuser (V. *chapitre* « PERQUISITIONS, » p. 91).

37.   Réquisition pour pénétrer dans une maison particulière.

Nous, N....., capitaine au 3e régiment d'infanterie, officier de police judiciaire par délégation de M. le Colonel commandant le régiment;

Vu les articles 85 et 91 du Code militaire;

Attendu qu'il résulte d'une dénonciation à nous faite, que le nommé Bertrand se serait rendu coupable du crime de... sur la personne d'un habitant, rue..., n°...;

Requérons qu'il plaise à M. le Commissaire de police (*ou toute autre autorité locale*) nous accompagner dans le domicile susdit, afin d'y procéder à toutes les investigations utiles.

Fait à Paris, le...

38. L'article 153 contient une première dérogation à la règle commune, lorsque la procédure est suivie aux armées et dans les circonscriptions territoriales en état de guerre, en permettant à l'officier de police judiciaire de pénétrer dans un établissement civil ou dans une habitation particulière sans l'assistance de l'autorité civile, s'il n'y en a pas sur les lieux, sous l'obligation seulement d'en faire mention dans son procès-verbal.

39. Si la loi n'a pu supposer, qu'en temps de paix, à l'intérieur de la France, il ne se trouverait aucune autorité civile présente sur les lieux, c'est-à-dire dans la commune, le bourg dont dépend l'habitation ou l'établissement dans lequel il y a lieu de pénétrer, elle était en droit de le faire lorsque l'armée agit à l'extérieur, ou même à l'intérieur en temps de guerre. Dans ce dernier cas il se peut que les fonctionnaires civils aient été obligés de s'éloigner, ou qu'ils aient été révoqués ou suspendus; aussi-a-t-elle permis de passer outre en leur absence.

40. Une seconde et dernière dérogation a été apportée à cette même règle commune par la loi sur l'état du siége, ainsi que nous le disons plus loin au chapitre « PERQUISITIONS, » p. 91.

41. Procès-verbal constatant le corps du délit dans un établissement civil.

L'an mil huit cent quatre-vingt, le huit décembre, à deux heures de relevée;

Nous, N..., capitaine au 3ᵉ régiment d'infanterie, officier de police judiciaire par délégation de M. le Colonel commandant le régiment;

Après réquisition, à l'autorité compétente, nous nous sommes transporté, accompagné de l'adjudant X..., que nous avons choisi comme greffier et auquel nous avons fait prêter serment d'en bien et fidèlement remplir les fonctions, à la maison de justice civile de Versailles, où, après avoir fait connaître le but de notre mission à M. le directeur de cet établissement et l'avoir invité à nous accompagner pour faciliter nos recherches;

Assisté de M..., expert, demeurant rue... (ou de M..., docteur en médecine) (V. au chapitre « EXPERTS, » p. 82), nous avons reconnu :

(*Indiquer l'état des lieux et toutes les circonstances de nature à établir l'existence du fait incriminé.*)

Après avoir fait prêter à l'expert le serment
prescrit par l'article 44 du Code d'instruction
criminelle, nous l'avons requis de procéder à
l'examen de..., après quoi il nous a donné les
observations suivantes :

(*Inscrire les déclarations de l'expert.*)

(*Inscrire aussi la confrontation du prévenu après
l'avoir arrêté, ou le désigner s'il est absent.*)

De tout ce qui précède, nous avons dressé le
présent procès-verbal que nous avons signé avec
le greffier, l'expert et le chef de l'établissement.

42. Procès-verbal constatant le corps du délit dans une maison particulière.

L'an mil huit cent quatre-vingt, le huit décembre, à deux heures de relevée;

Nous, N....., etc.....;

Sur la dénonciation qui nous a été faite, nous
sommes transporté dans la rue..., n°..., accompagné :

1° Du sieur....., que nous avons choisi comme
greffier et à qui nous avons fait prêter serment
ad hoc;

2° De M. le Commissaire de police du quartier
(*ou autre autorité indiquée en l'article 91*);

3° De M..., expert, demeurant rue..., n°... (*ou*

de M..., docteur en médecine.) (*Voir au chapitre*
EXPERTS, p. 82.)

Arrivé au lieu indiqué, nous avons reconnu :
(*Suite comme formule précédente.*)

43. Chaque feuillet du procès-verbal, dressé par
un officier de police judiciaire militaire, est signé
par lui et par les personnes qui ont assisté à sa
confection, suivant les prescriptions de l'article 91.

En cas de refus ou d'impossibilité de signer de la
part de celles-ci, il doit en être fait mention.

44. Les fonctionnaires publics désignés aux articles 89 et 91 sont tenus à cette obligation dans
les actes pour l'établissement desquels la loi exige
leur présence.

45.   Réquisition à la force publique.

Nous, N...., capitaine au 3ᵉ régiment d'infanterie, agissant en qualité d'officier de police judiciaire, etc...

En vertu de l'article 25 du Code d'instruction
criminelle;

Requérons M. le chef de poste de...., de mettre
à notre disposition quatre hommes et un caporal,
et les envoyer immédiatement rue..., n°..., pour
y prendre le nommé (*nom, grade, corps*), qu'ils
devront conduire au poste de la place.

Fait à Paris, le...

46. Cette formule de réquisition est rédigée en vue de l'arrestation d'un militaire, qui peut être opérée même en dehors du flagrant délit, car l'article 88, en interdisant l'arrestation des militaires, hors le cas de flagrant délit, sans l'ordre de leurs supérieurs, ne veut parler que de l'arrestation effective et non de la mise sous main de la justice dans les formes prescrites par le Code.

47. C'est dans ce sens que doit être entendue la disposition portant qu'un militaire en activité de service ne peut être arrêté, hors le cas de flagrant délit, qu'en vertu de l'ordre de ses chefs, c'est-à-dire que par l'intermédiaire de ceux-ci. En effet, par cette prescription, la loi n'a pas voulu permettre à un chef de méconnaître la force due à un mandat de justice; elle a seulement jugé convenable, dans l'intérêt même du maintien des règles de discipline, de décider qu'un militaire ne peut être enlevé à son service que sur l'ordre de son chef; mais celui-ci est tenu d'obéir au mandat de justice, qui est le commandement de la loi, et il ne saurait se faire juge de sa légalité, dont est seul responsable le fonctionnaire qui l'a délivré. (Foucher, *Commentaire.*)

48. La force publique, que tous les officiers de police judiciaire ont le droit de requérir pour l'accomplissement d'un acte de leurs fonctions, se compose de la gendarmerie, de la troupe, des gardes champêtres et forestiers, des préposés des douanes et autres administrations publiques; mais l'officier qui fait la réquisition doit en laisser l'exécution au commandant de la force requise, et n'a aucun ordre à donner à cet égard.

DESCRIPTION DES LIEUX.

———

49. Quand la description des lieux paraît utile à la manifestation de la vérité, le magistrat instructeur doit indiquer leur distribution, situation, disposition, la proximité ou l'éloignement d'une grande route ou d'un chemin, d'une rivière, des habitations, etc...

50. Toutes les circonstances tirées· de la situation des lieux où le crime a été commis peuvent éclairer sur la perversité, la préméditation, la ruse et la culpabilité de l'auteur ou des auteurs de ce crime. Elles doivent être recueillies et relevées soigneusement par l'officier de police judiciaire et retracées minutieusement dans son procès-verbal.

51. Procès-verbal constatant l'état des lieux.

L'an mil huit cent quatre-vingt, le huit décembre, à deux heures de relevée,

Nous, N....., capitaine au 3ᵉ régiment d'infanterie, officier de police judiciaire par délégation de M. le Colonel commandant le régiment;

Avons procédé de la manière suivante à la description de l'état des lieux où le nommé (*nom, prénoms, grade, corps*) a commis le crime de.....;

Accompagné de :

1º M..... que nous avons choisi comme greffier et à qui nous avons fait prêter le serment *ad hoc;*

2º M. le Commissaire de police du quartier;

Nous nous sommes transportés rue...., au nº....., où, ayant pénétré dans une chambre située au premier étage... (*Indiquer exactement l'état des lieux et toutes les circonstances pouvant se rattacher au crime.*)

De ce qui précède nous avons dressé le présent procès-verbal que nous avons signé avec le greffier, le commissaire de police et le propriétaire de la maison.

Le greffier. Le commissaire de police. Le propriétaire. L'officier instructeur.

Il faut joindre au procès-verbal la réquisition adressée au commissaire de police (*formule nº 37 ou 200*).

52. Dans son Commentaire sur le Code d'instruction criminelle, Schenk dit :

« Si la description des lieux est décisive et ne peut être bien connue par une description, on en fait dresser un plan. »

La Cour de cassation a jugé que la rédaction d'un plan visuel est considérée comme un acte d'instruction. — Les rédacteurs ne sont pas soumis à la prestation du serment spécial prescrit par l'article 44 du Code d'instruction criminelle.

53. Nous croyons utile et ne saurions mieux faire que de rappeler ici la recommandation que nous trouvons dans une instruction de M. le Procureur de la République de la Seine, sur la description des lieux où un crime a été commis.

« Lorsque je décris le théâtre d'un crime, est-il dit, je ne manque jamais d'en prendre la mesure, d'en signaler la configuration, la disposition, d'indiquer la place occupée par les objets essentiels, et d'en tracer moi-même un plan visuel ou linéaire que je joins à mon procès-verbal. — Tout juge d'instruction ou officier de police judiciaire peut dresser ou faire dresser un tel plan qui sert beaucoup pour l'intelligence de l'état des lieux, et le fait comprendre, ainsi que les circonstances du crime qui s'y rattachent, bien plus facilement et plus nettement que la description la plus exacte et la plus claire. »

54. Ordonnance pour l'établissement d'un plan.

Nous, N...., capitaine au 3ᵉ régiment d'infanterie, officier de police judiciaire par délégation de M. le Colonel commandant le régiment;

Vu la procédure suivie contre le nommé....;

Attendu qu'il importe à la manifestation de la vérité que le plan des lieux où se sont passés les faits incriminés soit dressé pour éclairer la religion des juges ;

Commettons M. X...., ingénieur-géomètre à Paris, 29, rue de....; à l'effet d'établir et nous adresser de suite, le plan géométral des lieux ci-après désignés :

. . . .

Fait et donné à Paris, le....

L'officier de police judiciaire.

55. Le montant de la taxe faite par l'officier de police judiciaire pour l'établissement d'un plan sera perçu sur cédule de la façon que nous indiquons plus loin, au chapitre « DÉPLACEMENT ET FRAIS, p. 117. »

INTERROGATOIRE DE L'INCULPÉ.

___

56.   Procès-verbal d'interrogatoire.

(*Art. 85 et 86 du Code militaire.*)

—

3ᵉ RÉGIMENT D'INFANTERIE.

—

L'an mil huit cent quatre-vingt, le huit décembre, à deux heures de relevée;

Devant nous (*nom, prénoms, grade, corps*), agissant en vertu des articles 85 et 86 du Code militaire et par délégation de M. le Colonel commandant ledit régiment, comme officier de police judiciaire, assisté du sieur (*nom, prénoms, grade, corps*), faisant fonctions de greffier et à qui nous avons préalablement fait prêter serment d'en bien et fidèlement remplir les fonctions, dans la salle des rapports à la caserne de..., avons fait extraire de la prison, à l'effet de l'interroger, le nommé (*nom, prénoms, grade, corps*).

En conséquence nous avons fait amener devant nous ledit..... que nous avons interrogé ainsi qu'il suit :

Interpellé de déclarer ses nom, prénoms, âge, lieu de naissance, état, profession et domicile, a répondu se nommer :

Durand, Jules, âgé de 22 ans, né à Lille, mécanicien, actuellement soldat au 3ᵉ régiment d'infanterie, en garnison à...

D. — Vous êtes prévenu de....., qu'avez-vous à dire pour vous justifier?

R. — . . . .

. . . .

Lecture faite au prévenu de son interrogatoire, il a déclaré ses réponses être fidèlement transcrites, qu'elles contiennent la vérité, qu'il y persiste et a signé avec nous et le greffier, en approuvant..... mots rayés nuls.

57. Cette formule donnée par la circulaire ministérielle du 23 juin 1875 a été conçue en vue de la procédure à suivre en campagne où le militaire peut être traduit directement, et sans instruction préalable, devant le conseil de guerre; c'est pourquoi il a été indiqué, à la fin du procès-verbal d'interrogatoire, que lecture des procès-verbaux d'information ou déposition des témoins serait donnée à l'inculpé; ceci dans le but évident d'éviter des dépenses de temps en pure perte, et les inconvénients qui peuvent résulter d'une prévention trop prolongée, et pour permettre, en même temps, à la répression d'atteindre plus promptement le coupable et par là d'en obtenir un effet plus salutaire.

58. En temps de paix, ainsi que l'ont rappelé les instructions sur les inspections générales de 1877 et 1878, cette lecture ne devra pas être faite aux inculpés, d'abord parce qu'il peut en résulter de graves embarras pour la recherche de la vérité dans l'instruction faite au conseil de guerre, et ensuite parce que le Code militaire, dans son article 101, a réservé exclusivement l'accomplissement de cette formalité au rapporteur, et seulement après que l'instruction est complètement terminée.

59. C'est donc lorsqu'ils procèdent aux armées en campagne, et seulement dans ce cas, que les officiers de police judiciaire devront se conformer aux notes contenues dans les deux paragraphes ci-dessous :

60. Quand les témoins auront été entendus, on donnera lecture de leurs déclarations à l'inculpé et on constatera cette formalité par l'inscription, à la suite de l'interrogatoire, de la mention suivante :

61. Et cejourd'hui, ... courant, à deux heures de relevée, assisté du même greffier, avons fait comparaître de nouveau le nommé Durand, d'autre part qualifié, et, après lui avoir donné connaissance des procès-verbaux de l'information, nous avons clos le présent par notre signature, celles du prévenu et du greffier.

62. Si le prévenu ne sait ou ne veut signer, le procès-verbal doit en faire ainsi mention :   —

.... nous avons clos le présent par notre signature et celle du greffier, le prévenu ayant déclaré ne savoir, — ou ne vouloir — signer.

63. Le greffier pris parmi les sous-officiers en activité doit être âgé de 25 ans accomplis. Cette obligation découle naturellement de l'article 22 du Code militaire.

64. Dans l'interrogatoire, l'officier instructeur peut user d'adresse et quelquefois même de surprise et de feinte pour tirer l'aveu du coupable, mais il doit agir avec beaucoup de sagesse et de prudence dans l'usage qui en est fait. — Il faut que l'artifice qu'il emploie soit innocent, sans reproche, et exempt de mensonge ; toutes les demandes qu'il adresse à l'inculpé doivent d'ailleurs être portées au procès-verbal d'interrogatoire.

65. Il faut que les moyens employés soient justes et légitimes et non de nature à porter atteinte à la dignité du caractère dont l'officier de police judiciaire est revêtu par la loi. Il ne doit pas non plus chercher à pousser l'inculpé dans la voie des aveux en lui inspirant de la crainte ou en lui faisant de fausses promesses. Par exemple, il ne doit pas lui faire espérer l'impunité s'il confesse sa faute; ce serait un moyen déloyal de la part de l'officier instructeur puisque, alors même qu'il voudrait tenir cette promesse, il n'en aurait pas le pouvoir.

66. Mais s'il est interdit à l'officier de police judiciaire d'user d'un des moyens contraires à la droiture, il est de son devoir d'engager l'inculpé à la franchise, en lui faisant comprendre que c'est pour lui le seul moyen d'obtenir l'indulgence de ses juges.

67. Le prévenu comparaît libre et sans fers, à moins que son état d'irritation ne commande des mesures de prudence; et encore n'est-il pas douteux qu'au moment de sa comparution devant le juge il ne doive, à moins de cas particuliers et extraordinaires, être délivré des fers dont on a pu le charger pour s'assurer de sa personne; et pour le conduire avec sécurité devant le magistrat; mais il est bon toutefois de prendre les précautions nécessaires pour empêcher son évasion. (Massabiau, *Guide du juge d'instruction.*)

68. Il faut éviter de poser aux inculpés des questions longues et circonstanciées, et par là diffuses, et d'exprimer leurs réponses par l'affirmative ou la négative. C'est à la question d'être claire et concise et à la réponse d'être explicative : autrement il est impossible de savoir si le *oui* ou le *non* s'applique également à toutes les circonstances contenues dans la demande, ou seulement à l'une d'elles.

69. Dans son *Manuel pratique des tribunaux*, M. Alla dit que la position des questions à adresser n'étant fixée par aucune loi, le rapporteur doit éviter de poser brusquement au début la question de culpabilité ; car bien souvent le prévenu, quoique disposé à avouer, se trouve effrayé par l'exposé de l'accusation, et, par instinct, plutôt que par raisonnement, répond négativement à cette question.

70. Ainsi que nous l'avons déjà dit dans un précédent ouvrage [1], non – seulement nous ne

---

(1) *Manuel des tribunaux des armées de terre et de mer*, par A. Champoudry. Paris, 1879, 2ᵉ édition.

partageons pas cette manière de voir, mais nous
pensons que l'humanité fait un devoir au magistrat instructeur de donner connaissance aux prévenus de l'accusation qui est portée contre eux,
et de leur épargner ainsi les tourments de l'in-
certitude et les angoisses qu'éprouvent ces malheureux, plus souvent égarés que coupables, dans
l'attente d'un danger non défini.

71. Du reste, il n'y a aucun inconvénient à
suivre ce mode de procéder, attendu que le prévenu
pouvant être convaincu de culpabilité malgré ses
dénégations, son aveu n'est pas absolument nécessaire.

72. Le nombre des interrogatoires à faire subir
à l'inculpé est laissé entièrement à l'appréciation
de l'officier instructeur. Il peut l'entendre autant
de fois qu'il lui paraît utile pour l'éclaircissement
des faits incriminés ou des circonstances qui s'y
rattachent.

73. Le premier interrogatoire peut être considéré comme préparatoire et ayant spécialement
pour objet d'éclairer l'officier de police judiciaire
sur le système de défense employé par le prévenu,
et de lui indiquer le but qu'il doit principalement
poursuivre dans ses investigations.

74. Comme il arrive souvent que les dépositions des témoins sont en contradiction avec les déclarations de l'inculpé, il est indispensable de procéder à un nouvel interrogatoire pour opposer les témoignages reçus aux dénégations de ce dernier et le forcer à expliquer les contradictions relevées.

75. Chaque fois que le prévenu est entendu à nouveau, il en est ainsi fait mention sur le procès-verbal, à la suite des interrogatoires précédents :

Et cejourd'hui dix décembre, à deux heures de relevée, étant dans la salle des rapports et assisté du même greffier — *ou* du sieur M.., faisant fonctions de greffier et à qui nous avons fait prêter serment à cet effet — nous avons fait amener de nouveau le nommé Bertrand, que nous avons interrogé comme il suit :

. . . .

76. L'article 78 du Code d'instruction criminelle prohibe les interlignes et prescrit d'approuver les ratures et les renvois. Les mots rayés doivent donc être comptés et rejetés en nombre, c'est-à-dire en indiquant combien de mots raturés sont annulés. Autant que possible, on prendra le soin de numéroter les mots rayés.

77. Les prévenus doivent être interrogés hors de la présence des témoins et, ainsi que l'a jugé la

Cour suprême, dans un arrêt rendu le 3 janvier 1821, un prévenu ne peut jamais être entendu comme témoin contre son coprévenu, il peut seulement être interpellé dans ses interrogatoires sur ce qu'il sait contre ses complices.

78. Nous croyons utile, en terminant ce chapitre, de rapporter les sages prescriptions d'une circulaire ministérielle du 30 octobre 1867 qui, adressée aux rapporteurs des conseils de guerre, peut s'appliquer également aux officiers de police judiciaire dont la mission est identique. « Pour arriver le plus sûrement possible à la manifestation de la vérité, dit cette circulaire, il importe d'accueillir, à tous les instants, les moyens de défense qu'un prévenu est à même de fournir, et le moment le plus opportun paraît être le temps de l'information, puisqu'alors le rapporteur a toutes les facilités désirables de vérifier la véracité des documents qui sont produits. En refusant de recevoir ces pièces, pendant les diverses phases de la procédure, et en obligeant l'inculpé à ne les produire que devant ses juges, on négligerait un moyen de contrôle précieux, et, de plus, on pourrait, dans certains cas, non-seulement entraver la liberté de la défense, mais encore entraîner le magistrat instructeur à se livrer à des investigations qui deviendraient inutiles, par suite des explications du prévenu. »

4

COMPLICES — COMPLICITÉ.

79. Comme il arrive souvent que l'inculpé a dēs complices, nous allons traiter ce sujet dans un chapitre spécial, — d'après les enseignements de la jurisprudence, — afin de permettre à l'officier de police judiciaire de reconnaître facilement les divers cas de complicité, dont les caractères généraux, pour les crimes et les délits, sont déterminés par les articles 60, 61, 62, 63, 285 du Code pénal ordinaire, — auxquels renvoie l'article 202 du Code militaire; — 1, 2, 3, 6 et 7 de la loi du 17 mai 1819, rendue applicable devant les juridictions militaires par l'article 267 de notre Code.

80. On peut être coupable d'un crime ou d'un délit directement par soi-même, ou indirectement et par intermédiaire.

81. Participer sciemment à un fait coupable, c'est s'en rendre complice, et les complices d'un crime ou d'un délit sont, en général, punis des mêmes peines que les auteurs de ce crime ou de ce délit.

82. Mais la complicité n'existe pas si la participation à un fait coupable n'a pas eu lieu sciemment, car il n'y a d'action criminelle que celle qui réunit le fait à l'intention.

83. Pour qu'il y ait complicité punissable, il faut qu'on ait concouru à une action prévue et réprimée par la loi.

84. Il n'est pas nécessaire que l'auteur principal puisse être lui-même condamné ou même poursuivi, et la fuite de l'auteur principal n'empêche pas la condamnation du complice. (*Cass., 3 juin 1830.*) Pour qu'un complice puisse être poursuivi et puni de la peine prononcée par la loi, il n'est pas nécessaire que l'auteur principal du crime soit présent, ou qu'il ait été poursuivi, ni même qu'il soit connu ; il suffit que l'existence du crime soit constatée. (*Cass., 24 septembre 1834 ; Circ. minist. même date.*)

85. La jurisprudence que nous venons de résumer a été affirmée par de nombreux arrêts de la cour régulatrice, rapportés par nous dans un ouvrage récent [1].

---

[1] *Formulaire de questions à l'usage des tribunaux des armées de terre et de mer.* A. Champoudry. Paris, 1879.

86. La Cour de cassation a jugé que l'on peut être complice d'une tentative de . crime, lorsque cette tentative est parvenue, de la part de son auteur, au point où la loi l'assimile au crime consommé, et sans qu'il soit nécessaire qu'on ait participé au commencement d'exécution. Mais on ne peut, dans aucun cas, se rendre coupable d'une tentative de complicité.

87. Il est important de distinguer les *simples complices des coauteurs*, car lorsque le nombre des auteurs du crime est une circonstance aggravante, la pluralité de personnes, on ne doit comprendre dans cette réunion que les coauteurs et non ceux qui sont seulement complices. (*V.* Coauteurs, *chapitre suivant*, p. 57.)

88. L'article 59 du Code pénal pose en principe que les complices d'un crime ou d'un délit doivent être punis des mêmes peines que les auteurs principaux; il n'admet d'exception qu'alors que la loi elle-même en a disposé autrement, comme elle le fait, par exemple, — dans l'article 63, — à l'égard des recéleurs.

89. Le Code pénal a introduit plusieurs exceptions à cette règle générale. — Il ne frappe pas d'une peine commune les auteurs et les complices concourant aux infractions prévues par les articles

67, 100, 102, 107, 108, 111, 116, 138, 144, 190, 213, 267, 268, 284, 285, 288, 293, 415, 438 et 441. En dehors de ces cas, la règle est absolue, quant au droit commun.

90. L'article 202 du Code militaire ajoute à ces dérogations celles qui seraient prévues par les propres dispositions du même Code et qui résultent spécialement des articles 196 et 198 ; cas dans lesquels les peines à appliquer à des complices non militaires ne sont pas celles édictées par notre Code contre les auteurs principaux, mais celles prononcées par les lois pénales ordinaires.

91. Les articles 60, 61 et 62 du Code pénal définissent *les caractères constitutifs* de la complicité.

92. L'article 60 comprend spécialement la complicité qui tient à la coopération du crime en lui-même, soit qu'on y provoque le coupable, soit qu'on l'aide ou l'assiste sciemment dans la perpétration du fait.

93. Cet article ne reconnaît comme complices et ne punit comme tels, que ceux qui ont provoqué à l'action, donné des instructions pour la commettre, — procuré des armes, — des instruments ou tout autre moyen y ayant servi, — aidé ou assisté l'auteur ou les auteurs de l'action dans les faits qui l'ont préparée, facilitée ou consommée. Les faits qui ne rentreraient pas dans l'un ou l'autre de ces cas ne pourraient donner lieu à la complicité légale et, par suite, devraient rester impunis, quelque immoraux qu'ils fussent, car les termes de l'article 60 sont essentiellement limitatifs.

94. L'article 61 prévoit le cas où il est donné sciemment asile aux malfaiteurs de profession. Cette complicité n'atteint évidemment que le maître de la maison, mais elle est encourue, quel que soit le nombre des malfaiteurs ainsi recueillis.

95. La complicité punie par cet article n'existera que lorsque le recéleur aura connu la conduite criminelle des malfaiteurs qu'il aura reçus; lorsqu'il leur aura fourni volontairement logement, lieu de retraite ou de réunion, et enfin, lorsque le logement, lieu de retraite ou de réunion, aura été fourni habituellement; car si l'asile n'a été fourni qu'accidentellement, le mode de complicité prévu par l'article 61 manque de l'un de ses éléments essentiels.

96. L'article 62, qui punit le recel des objets provenant d'un crime ou d'un délit, comprend, dans la généralité de ses termes, le recélé de toutes les choses enlevées, détournées ou obtenues à l'aide d'un crime ou d'un délit quelconque. Que ces choses aient été enlevées ou détournées à l'aide d'un crime, ou qu'elles aient été obtenues au moyen d'un faux.

97. On peut définir le recélé : le fait d'avoir en sa possession des objets enlevés, détournés ou obtenus à l'aide d'un crime ou d'un délit, connaissant leur provenance criminelle. Car le recélé est parfaitement caractérisé, soit que le récéleur ait ou n'ait pas acheté ces objets, soit qu'il en ait ou n'en ait pas profité; il suffit qu'il les ait reçus volontairement, sachant qu'ils étaient le produit d'un crime ou d'un délit.

98. Des auteurs considérables enseignent que c'est au moment même où le recéleur reçoit le produit du crime qu'il doit en connaître la provenance pour être coupable. — D'autres vont plus loin encore, en disant que c'est à ce moment que le fait se caractérise, et que des révélations postérieures ne sauraient avoir pour effet d'en changer la nature. D'accord avec l'esprit même de l'article 62, nous ne partageons pas cette manière de voir qui n'est évidemment pas conforme à la loi. Cet article ne punit pas ceux qui *reçoivent* sciemment le produit d'un crime ou d'un délit :

il punit ceux qui le *recèlent* sciemment. Le recélé consistant tout aussi bien dans le fait de conserver que dans celui de recevoir le produit du crime ou du délit, le tiers recèle l'objet tant qu'il reste entre ses mains, et il le recèle sciemment s'il le conserve après avoir eu connaissance de son origine criminelle.

99. On ne doit pas considérer comme faits de complicité, mais bien comme faits distincts et constituant des délits distincts et *sui generis*, ceux d'achat et de recel d'effets militaires; faits et délits complètement indépendants de celui de vente ou de soustraction par le militaire (*art. 247 Code militaire*), ou encore la provocation à des complots contre l'État.

100. Les prescriptions de ces divers articles s'appliquent non-seulement à tous les crimes et délits du Code pénal, mais encore à tous les crimes et délits prévus et réprimés par les lois d'exception, à moins qu'une disposition spéciale n'ait fait de la complicité un crime ou délit dont elle a défini les caractères particuliers.

COAUTEURS.

---

101. Le même individu peut être déclaré coauteur et complice. Mais il ne faut pas confondre les complices avec les coauteurs, bien qu'à cet égard la loi laisse peut-être à désirer en classant parmi les simples complices les individus qui aident dans la perpétration du crime ou du délit. Par suite, la jurisprudence a admis qu'on devait considérer comme coauteurs et non comme complices, tous individus déclarés coupables du fait principal commis de complicité les uns avec les autres.

102. Lorsque l'aide ou l'assistance ne consiste que dans les instructions, la provocation, la préparation du crime, elle ne constitue que la complicité. Mais lorsqu'elle participe à la consommation du crime ou délit, elle change de caractère et imprime la qualité de coauteur à celui qui la

prête, en faisant de lui l'un des auteurs mêmes
de l'infraction.

103. Quant à l'égard de plusieurs accusés d'un
crime ou délit, il y a eu simultanéité d'action et
assistance réciproque dans la perpétration, ce fait
rentre sous l'application de l'article 333 du Code
pénal, et, au lieu d'une simple complicité, il y a
action directe de plusieurs individus ; chacun est
coauteur et non complice de ce crime et doit être
déclaré coupable du fait principal commis de complicité avec les autres. Dans le vol qualifié, cette
qualité de coauteur doit être relevée avec soin,
car elle constitue encore une circonstance aggravante du vol : la pluralité de personnes.

104. La jurisprudence répute coauteurs tous
ceux qui, par suite d'un concert arrêté à l'avance,
participent par un fait immédiat et direct à la
perpétration d'un crime ou délit. Mais si ces actes
ne sont pas le résultat d'un concert arrêté à l'a-
vance, elle ne les considère que comme complices,
car alors leur assistance n'ayant été que toute
occasionnelle n'a pas été jugée à l'avance indispensable à l'exécution matérielle.

105. En résumé, il résulte des principes puisés
dans la jurisprudence de la Cour de cassation
que les circonstances qui distinguent le coauteur
du complice sont les suivantes :

106. Tous ceux qui n'auront concouru à une action défendue par la loi pénale qu'en la provoquant, la préparant ou la facilitant, seront réputés complices;

107. Tous ceux qui y concourent en coopérant à sa consommation, deviendront coauteurs, car le crime ou le délit n'étant plus le fait d'un seul, sera commun à tous ceux qui auront participé à sa consommation.

TENTATIVE.

108. Tant qu'une pensée repose dans le sein de l'homme, Dieu seul a le droit de lui en demander compte; ce n'est que lorsqu'elle se produit au dehors, lorsqu'elle se manifeste par des actes extérieurs, qu'elle tombe sous la vindicte humaine. Ainsi les résolutions les plus perverses, les plus criminels projets sont exempts de toute responsabilité, tant qu'ils ne sont que des résolutions et des projets. Ce n'est qu'au moment où le projet reçoit un commencement d'exécution, que la responsabilité devient possible.

109. C'est là le principe, consacré par la jurisprudence de l'incrimination de la tentative. Il faut en tirer cette conséquence nécessaire, que toutes les fois que la tentative ne se révèle que par des actes simplement préparatoires, elle n'existe que comme une intention, un projet, dont la répression n'appartient pas à la justice de l'homme.

110. L'article 2 du Code pénal, rendu applicable devant les conseils de guerre par l'article 202 du Code militaire, sauf les dérogations prévues par ledit Code, dispose que toute tentative de crime qui aura été manifestée par un commencement d'exécution, si elle n'a été suspendue ou si elle n'a manqué son effet que par des circonstances indépendantes de la volonté de son auteur, est considérée comme le crime même.

111. D'après la définition de cet article, la tentative ne serait punissable que si elle est le commencement d'un crime et, ainsi que l'ont dit avant nous des commentateurs le plus autorisés, le commencement d'un fait qui ne peut aboutir à un crime ne doit jamais être considéré comme une tentative tombant sous l'application de l'article 2, quelles que soient l'immoralité et la perversité de la pensée qui l'a inspiré. Cette opinion se trouve pleinement confirmée par le principe de droit criminel qui ne reconnaît l'existence des crimes et délits, qu'alors qu'il y a réunion de la volonté qui les conseille et du fait matériel qui les réalise; c'est-à-dire l'élément intentionnel joint à l'élément physique. Ainsi, celui qui, avec l'intention de tuer, se sert d'un fusil qui n'est pas chargé, ou qui tire un coup de fusil dans un lieu où doit se trouver, mais où ne se trouve pas la personne qu'il veut atteindre, ou qui administre des substances qu'il croit mortifères et qui sont inoffensives, est coupable dans le for intérieur, mais ne l'est pas au point de vue juridique.

112. La tentative qui ne réunit pas toutes les conditions exprimées en l'article 2 du Code pénal, la réunion des deux circonstances indispensables d'avoir été manifestée par un commencement d'exécution et de n'avoir été suspendue ou de n'avoir manqué son effet que par des circonstances indépendantes de la volonté de son auteur, n'est pas punissable. L'introduction de l'accusé dans une maison habitée, même pendant la nuit et à l'aide d'escalade, ne constitue pas une tentative de vol qualifié, parce qu'il n'y a pas encore là de commencement d'exécution. — Il faut pour cela que le coupable ait saisi, ou cherché à soustraire quelques objets, par exemple en pratiquant l'ouverture des meubles ou armoires qui les renfermaient.

113. Il est de jurisprudence que le fait de charger une arme n'est qu'un des préparatifs du crime et non le commencement d'exécution.

114. Pour bien faire saisir la différence qui existe entre le cas où la tentative n'a été suspen-

due que par des circonstances fortuites ou indépendantes de la volonté de son auteur et celui où
elle n'a manqué son effet qu'à raison des mêmes
circonstances, nous emprunterons à M. Blanche,
les exemples suivants qu'il a donnés dans ses
Études sur le Code pénal :

115. « Une femme a résolu d'empoisonner son
mari; elle prend des informations sur les substances qui sont de nature à donner une mort
certaine et immédiate; elle se rend chez divers
pharmaciens; enfin, elle a obtenu une substance
vénéneuse. Elle rentre chez elle, répand le poison
sur les mets destinés au repas de son époux et elle
sort de la maison. Cependant le pharmacien qui a
vendu le poison a conçu quelques craintes; il a
suivi la femme; il la voit rentrer dans la maison;
il l'en voit sortir quelques instants après; il connaît l'inimitié qui existe entre elle et son mari;
enfin, poussé par l'idée qu'un crime va être commis, il se rend auprès de ce dernier, lui fait part
de ses craintes, la vérité est découverte, le crime
n'est pas consommé, mais c'est par une circonstance indépendante de la volonté de l'auteur *que
la tentative a été suspendue*. Voilà la première
espèce de tentative admise par le Code.

116. « Passons à la tentative qui a manqué son
effet, et prenons le même exemple :

« La femme, persévérant dans ses projets homi-
cides, et pour mieux en assurer le succès, présente
elle-même les mets empoisonnés à son mari; mais
soit qu'il n'en prenne qu'une partie, soit par toute
autre circonstance accidentelle, le poison ne produit pas son effet; une indisposition en est cependant la suite immédiate; un homme de l'art est
appelé; il neutralise les premiers effets de la substance vénéneuse; le mari est sauvé; *la tentative a
manqué son effet.* C'est la seconde espèce de tentative mentionnée dans l'article 2 du Code pénal. »

117. L'article 3 du Code pénal dispose que les
tentatives de *délits* ne sont considérées comme *délits*
que dans les cas déterminés par une disposition
spéciale de la loi.

118. Les délits correctionnels dont la tentative
est punissable sont ceux prévus par les articles
142, 174, 179, 241, 245, 251, 279, 387, 388, 389,
400 à 405, 414, 415 et 418 du Code pénal ordinaire; 261 et 270 du Code militaire.

119. La tentative de crime étant toujours punissable, à l'exception seulement des cas pour
lesquels la loi a ordonné formellement, ou tout au
moins virtuellement, qu'elle ne serait pas punie,
tandis que pour les délits elle n'est au contraire
punissable que dans les cas déterminés par une

disposition expresse de la loi, il est essentiel de bien fixer quelles sont les infractions qui constituent les *crimes*, et quelles sont celles qui constituent les *délits*. Cette distinction, on le reconnaîtra facilement, est d'une importance capitale au point de vue de la répression; aussi, dans les affaires de tentative, l'officier de police judiciaire devra-t-il tout d'abord rechercher quelle est la sanction pénale qu'entraîne l'infraction, afin de reconnaître si la tentative est punissable aux termes des articles 2 et 3 du Code pénal.

120. L'infraction constitue un *crime* toutes les fois qu'elle a pour sanction une peine criminelle, l'une de celles énumérées en l'article 185 du Code militaire. Cette peine ne change pas de nature, alors même que les circonstances atténuantes font appliquer une peine correctionnelle.

121. L'infraction est un *délit* quand elle ne fait encourir que des peines édictées en matière correctionnelle; c'est-à-dire l'une de celles indiquées en l'article 186 du Code militaire.

122. Nous ferons remarquer que le Code militaire ne prévoit la tentative de délit d'une manière expresse que dans deux cas : en matière de corruption de fonctionnaires (*art. 261*), et en matière de fraude sur le recrutement (*art. 270*).

123. Pour que la tentative soit considérée comme le crime ou le délit consommé, il faut qu'elle réunisse tous les caractères déterminés par l'article 2 du Code pénal (*Circ. minist. 15 juillet 1849; 26 juillet 1853*). Une autre circulaire ministérielle du 30 janvier 1856 est venue rappeler aux conseils de guerre ainsi que la jurisprudence l'avait consacré, que dans aucun cas, s'il n'y a pas eu de commencement d'exécution, la tentative n'existe pas.

AUDITION DES TÉMOINS.

124. Procès-verbal d'information.

(*Art. 85 et 86 du Code militaire.*)

3ᵉ RÉGIMENT D'INFANTERIE.

L'an mil huit cent quatre-vingt, le huit décembre, à deux heures de relevée;

Devant nous, N..., (*nom, prénoms, grade, corps*), agissant en vertu des articles 85 et 86 du Code militaire et par délégation de M. le Colonel commandant ledit régiment, comme officier de police judiciaire, assisté du sieur (*nom, prénoms, grade, corps*), faisant fonctions de greffier et à qui nous avons préalablement fait prêter serment d'en bien et fidèlement remplir les fonctions, dans la salle des rapports à la caserne Babylone, est comparu, en vertu de notre citation dudit jour, le témoin

ci–après nommé, lequel, hors de la présence de
l'inculpé et des autres témoins, après avoir prêté
serment de dire toute la vérité, rien que la vérité,
et, interrogé par nous sur ses nom, prénoms, âge,
état, profession et demeure, s'il est domestique,
parent ou allié des parties et à quel degré,

A répondu se nommer : (*nom, prénoms, âge,
état, profession, demeure.*)

N'être ni domestique, ni parent, ni allié des
parties.

A déposé : . . . .

. . . .

Demande : . . . .

Réponse : . . . .

Lecture faite au témoin, a déclaré ses réponses
être fidèlement transcrites, contenir vérité, y persister et a signé avec nous et le greffier, en approuvant..... mots rayés nuls.

Ou... y persister et nous avons signé avec le
greffier, le témoin ayant déclaré ne le savoir....,
ou ne le vouloir.

125. Lorsqu'il est nécessaire de confronter le
prévenu avec le témoin, soit dans le cas de désertion où la confrontation doit toujours avoir lieu
afin d'établir l'identité d'une manière certaine, soit
dans tout autre cas, le procès-verbal doit en faire
mention en ces termes : *Confrontation :* A ce moment nous faisons introduire l'inculpé X...., que

nous faisons retirer après l'avoir confronté avec le témoin auquel nous posons la question suivante :

D. — Avez-vous reconnu le militaire que je viens de vous représenter?

R. — . . . .

126. Les procès-verbaux et autres documents, lorsqu'ils sont établis conformément à la loi par les officiers de police judiciaire, sont considérés en justice comme pièces régulières de l'instruction et ont la même force et la même autorité que s'ils avaient été formalisés par le rapporteur lui-même, si ce magistrat n'a pas jugé utile de les recommencer; c'est ce qui résulte implicitement des termes de l'article 104 du Code militaire.

127. A propos des dispositions de cet article qui accordent aux actes émanant des officiers de police judiciaire la même force en justice qu'à ceux établis par le rapporteur, nous rappellerons aux officiers chargés de l'instruction préliminaire qu'ils doivent se borner à recueillir et constater toutes les circonstances propres à établir et caractériser le crime ou le délit, et qu'ils doivent se garder de faire aucun rapport tel que celui prescrit au rapporteur par l'article 108.

128. En effet, il pourrait arriver que le rapporteur, après une instruction minutieuse approfon-

die trouvât au fait incriminé un tout autre caractère que celui qui lui aurait été attribué au début
et, par suite, son rapport différerait de celui de
l'officier de police judiciaire.

129. En cette occurrence, il serait profondément
regrettable, et du plus fâcheux effet, que deux
pièces d'un même dossier, établies toutes deux par
des fonctionnaires revêtus respectivement d'un
même caractère et poursuivant le même but, la
recherche de la vérité, fussent contradictoires, ce
qui créerait des difficultés à l'accusation, en for-
geant des armes à la défense. — C'est pourquoi
nous recommandons aux officiers de police judiciaire de toujours s'abstenir de rédiger aucun rapport sur l'instruction de l'affaire à laquelle ils ont
procédé, d'autant plus que ce rapport n'est prescrit
par aucun article du Code, et que c'est un principe de droit étroit que l'on ne doit jamais étendre
la loi.

130. La procédure au corps devra être faite soigneusement, avec la plus grande régularité; les
dépositions des témoins devront être recueillies
dans les formes prescrites par la loi, de façon à
ce que ces dépositions soient suffisantes pour l'instruction au parquet et que, le cas échéant, elles
puissent être lues en audience publique pour cou-

vrir l'absence des témoins qui peuvent disparaître, surtout en temps de guerre.

131. L'officier de police judiciaire cite devant lui les personnes ayant connaissance du crime ou du délit, ou de ses circonstances; en un mot, tous ceux qui peuvent fournir des renseignements sur le fait qu'il est appelé à constater, ainsi que le dit l'article 86 du Code militaire.

132.   Cédule d'assignation.

Nous, N..., (*nom*, *grade*, *corps*), officier de police judiciaire;

Invitons le sieur Durand, Louis, menuisier, à Paris, 75, rue du Bac, à comparaître devant nous, à la caserne Babylone, le jeudi 8 décembre 1880, à 2 heures du soir, pour y déposer en personne sur les faits reprochés au nommé...

(*Taxe de...*) Fait à Paris, le...

133. Aux termes de l'article 183 du Code militaire, la cédule d'assignation peut être notifiée au témoin appelé à comparaître, par un militaire. Tous les militaires sont agents de la force publique dans le sens de la loi.

134. Les prescriptions de l'article 73 du Code d'instruction criminelle qui disposent que les témoins seront entendus séparément, et hors de la

présence du prévenu, doivent être observées par
l'officier de police judiciaire.

135. Il a été jugé, par la Cour de cassation,
qu'un prévenu ne peut jamais être entendu comme
témoin contre son coprévenu ; il peut seulement
être interpellé dans son interrogatoire sur ce qu'il
sait contre ses complices.

136. Ainsi que l'indique une circulaire ministérielle du 10 décembre 1862, le témoin doit déposer sans armes ; il se tient debout et découvert, à
moins que l'officier instructeur ne permette qu'il
en soit autrement.

137. La douceur est convenable envers tous
les témoins, mais l'officier doit les maintenir
dans le respect, en les mettant cependant à l'aise,
sans compromettre sa dignité. Lorsqu'ils sont pro-
lixes, il faut avoir la patience de les entendre.
S'ils sont oublieux, il faut les mettre sur la voie
et aider leurs souvenirs.

138. L'officier instructeur doit surtout se garder
d'intimider ou de séduire le témoin pour l'engager
à déposer ; il doit lui laisser dire librement tout
ce qu'il sait, sans user à son égard de promesse
ni contrainte. Mais si le témoin lui paraît chan-
celant et disposé à ne rien dire, ou à déguiser

la vérité, le juge lui rappellera son serment et l'obligation de déclarer la vérité des faits sans en rien changer.

139. La déposition est reçue par l'officier instructeur qui dicte, et par le greffier qui écrit; chacun d'eux doit remplir sa mission. Sous aucun prétexte, l'officier instructeur ne peut se dispenser d'employer le greffier, la loi est formelle : c'est une garantie de plus qu'elle donne au prévenu de la droiture et de l'impartialité de la procédure.

140. Les témoins prêteront serment de dire *toute la vérité, rien que la vérité;* le juge d'instruction leur demandera leurs nom, prénoms, âge, profession, demeure, s'ils sont domestiques, parents ou alliés des parties, et à quel degré; il sera fait mention de la demande et des réponses des témoins. (*Art. 75 I. C.*)

141. Le magistrat instructeur est chargé, sous sa responsabilité, de faire prêter aux témoins qu'il entend le serment prescrit par la loi; mais la Cour de cassation a décidé que l'omission de cette formalité ou le défaut d'indication qu'elle a été remplie, tout en constituant une irrégularité grave, n'entraînerait pas nullité de l'instruction. Cependant cette omission dans les procès-verbaux établis par les officiers de police judiciaire aurait une gravité toute exceptionnelle. En effet, elle obligerait le rapporteur à entendre de nouveau les témoins ou, si la traduction en conseil a lieu directement sans instruction nouvelle au parquet, sous l'empire de l'article 156, les juges seraient fort embarrassés dans le cas où les témoins ne pourraient, pour quelque cause que ce soit, comparaître à l'audience; car alors les procès-verbaux ne pourraient être considérés que comme simples renseignements et, par là, seraient insuffisants pour couvrir l'absence des témoins.

142. L'officier de police judiciaire dit au témoin : *Vous jurez de dire toute la vérité, rien que la vérité?* Le témoin, levant la main droite, répond : *Je le jure.*

143. Chaque témoin peut être admis à prêter serment suivant le rite de sa religion; mais si le témoin a prêté, sans réclamation, le serment prescrit par l'article 75, le vœu de la loi est suffisamment rempli.

144. Le témoin doit déposer en personne et de vive voix, s'il s'exprime en français; s'il ne parle pas français, il lui est donné un interprète. (*V.* INTERPRÈTES, p. 77.) Le témoin sourd-muet qui ne sait pas écrire ne dépose qu'à titre de simple renseignement, et naturellement par interprète.

145. Les témoins ne doivent être questionnés qu'après qu'ils ont fait leur déposition , qui doit être écrite en entier telle qu'elle a été énoncée.

146. Le procès-verbal d'information est signé au bas de chaque page par l'officier de police judiciaire et le greffier, et à la fin par tous les deux et le témoin, après que celui-ci a reçu lecture de sa déposition et a déclaré y persister. Si le témoin ne sait ou ne veut pas signer, il en est fait mention au procès-verbal.

147. Ainsi que dans les procès-verbaux d'interrogatoire, il ne doit pas être fait d'interlignes, et les ratures et renvois doivent être approuvés. Les mots rayés sont numérotés et rejetés en nombre.

148. C'est avec intention que nous n'avons pas rappelé dans ce chapitre les prohibitions fondées sur les liens de parenté ou d'alliance entre les parties. — D'après la jurisprudence, cette prohibition ne s'applique qu'à l'audition en audience publique où ces témoins ne peuvent être entendus, dans les cas déterminés par la loi , qu'à titre de renseignement et sans prestation de serment. Comme il ne peut résulter aucune nullité de ce qu'ils auraient été entendus à l'instruction sous la foi du serment, nous pensons qu'il est préférable de recevoir ainsi leur déposition qui offrira alors un caractère de

véracité d'autant plus grand qu'ils auront juré de
dire la vérité. Notre opinion est, du reste, parta-
gée par des jurisconsultes éminents.

149. L'officier de police judiciaire a le droit
d'accorder une indemnité, dans les limites fixées
par le décret du 13 novembre 1857, — article 14,
— à tout témoin *civil* qui requiert la taxe. (*V.* Dé-
PLACEMENT ET FRAIS, p. 117.)

« *Art.* 14. Les personnes non militaires et les
employés à l'armée ou attachés à sa suite, auxquels l'État ne paie directement aucun traitement
d'activité, reçoivent, quand ils sont appelés en
témoignage, une indemnité qui est fixée par le
rapporteur ou par le président du conseil de
guerre, et qui ne peut être moindre d'un franc,
ni au-dessus de deux francs cinquante centimes
par jour, soit de séjour, soit de voyage.

» Ces dispositions sont applicables aux sous-
officiers et soldats en congé, sans solde, et aux
hommes de la réserve appelés en témoignage devant les tribunaux militaires. »

INTERPRÈTES ET TRADUCTEURS.

150. En vertu de l'article 332 du Code d'instruction criminelle, il sera donné un interprète, pour assister l'accusé ou les témoins qui ne parleraient pas la même langue ou le même idiome. — L'interprète devra être âgé de 21 ans au moins et devra prêter serment de traduire fidèlement les discours à transmettre entre ceux qui parlent des langages différents.

151. Lorsqu'il sera nécessaire de nommer un interprète, l'officier de police judiciaire fera porter sur le procès-verbal d'interrogatoire, ou d'information si c'est un témoin, immédiatement après les réponses aux demandes relatives à l'identité :

Attendu que le prévenu, ou le témoin, ne parle

ni ne comprend la langue française, nous lui avons
nommé d'office, pour interprète en conformité de
l'article 332 du Code d'instruction criminelle, le
nommé (*nom*, *prénoms*, *âge*, *demeure*), lequel a
prêté serment de traduire fidèlement les discours
à transmettre entre nous et le prévenu, que nous
avons interrogé ainsi qu'il suit par l'organe dudit
interprète :

Ou... entre nous et le témoin qui a déposé ainsi
qu'il suit par l'organe dudit interprète :

152. L'interprète devra alors signer à la fin du
procès-verbal, avec l'officier de police judiciaire, le
greffier et le prévenu, ou le témoin.

153. La Cour de cassation a décidé que le juge
peut se dispenser d'appeler un interprète, lorsque
l'inculpé ou le témoin s'énonce dans un idiome
étranger qui est familier au magistrat. — Il a été
jugé également que le greffier peut servir d'interprète, pourvu qu'il prête le serment prescrit par
l'article 332.

154. Il n'est pas non plus obligatoire, a affirmé
la Cour suprême, que l'interprète soit français, et
qu'il jouisse de ses droits civils. On peut appeler,
pour en remplir les fonctions, un étranger non naturalisé, ou même une femme pourvu qu'elle ait
21 ans accomplis.

155. Il n'y a donc que deux conditions essentielles à exiger des interprètes : l'âge et le serment; car il y aurait nullité si le procès-verbal ne mentionnait pas que l'interprète a prêté le serment prescrit par la loi. — Il faut un serment spécial pour chaque affaire.

156. Un témoin ne peut être désigné comme interprète, même après avoir été entendu, et celui qui a été interprète dans une affaire ne peut pas être entendu comme témoin, même à titre de simple renseignement. (*Cass.*, *10 décembre 1836; 15 janvier 1851.*)

157. L'officier de police judiciaire peut être obligé d'avoir recours à un interprète pour la traduction de lettres, notes ou pièces quelconques écrites dans une langue étrangère. — Tout ce que nous venons de dire des interprètes en général s'applique aux traducteurs.

158. Ceux-ci, après serment, peuvent dicter leur traduction sur le procès-verbal même du juge; ou ils peuvent l'écrire à part et le remettre ensuite à l'officier de police judiciaire, certifiée véritable et conforme à l'original, puis datée et signée par eux.

159. Ordonnance pour nommer un traducteur.

Nous, (*nom, grade, corps*), officier de police judiciaire par délégation de M. le Colonel commandant le régiment;

Vu la procédure suivie contre le nommé...;

Commettons M. (*nom, prénoms, âge, qualité, demeure*), après lui avoir fait prêter le serment prescrit par l'article 332 du Code d'instruction criminelle, pour nous faire connaître, dans une traduction écrite, le contenu de la pièce signée *ne varietur*, portant : *Pièce de questions*, écrite en langue étrangère et jointe au dossier dudit...

Fait à Paris, le...

(*Taxe de...*)

160. Conformément à l'article 333 du Code d'instruction criminelle, si le prévenu ou le témoin est sourd-muet et ne sait pas écrire, il lui sera nommé d'office, pour interprète, la personne qui aura le plus d'habitude de converser avec lui.

Dans le cas où le sourd-muet saurait écrire, le greffier écrira les questions et observations qui lui seront faites; elles seront remises à l'accusé ou au témoin qui donnera par écrit ses réponses ou déclarations. Il sera fait lecture du tout par le greffier.

161. Dans le cas où le sourd-muet ne sait pas

écrire, il n'est pas nécessaire que la personne qui a le plus d'habitude de converser avec lui, et pour cette raison lui sert d'interprète, soit âgée de 21 ans. (*Cass.*, *23 décembre 1824.*)

162. Les interprètes sont taxés conformément à l'article 15 du décret du 13 novembre 1857, et le paiement est effectué sur ordonnancement du rapporteur, ainsi que nous le disons au chapitre : « DÉPLACEMENT ET FRAIS, » p. 117.

Article 15. « Les interprètes sont taxés à raison de 6 francs par séance entière de jour, et 9 francs par séance entière de nuit, non compris le paiement de la traduction par écrit qu'ils peuvent être appelés à faire des pièces de conviction rédigées en langue étrangère ; le prix de ce travail est évalué par le tribunal séparément et selon sa nature. »

EXPERTS.

163. Toutes les fois que la constatation du crime ou de quelqu'une de ses circonstances essentielles ne peut être obtenue qu'à l'aide de vérifications spéciales, ou d'opérations médico-légales, l'officier de police judiciaire se fera assister soit d'experts, soit de médecins auxquels il déléguera la mission de procéder aux actes qu'il leur indiquera. (*V.* FOR-MULES, *n°° 41, 42, p. 32.*)

164. Avant d'opérer, les experts et les officiers de santé, sans distinction, ont à prêter, entre les mains du juge d'instruction, le serment de faire leur rapport et de donner leur avis en honneur et conscience; mention de l'accomplissement de cette formalité sera insérée au procès-verbal. (*Art. 44, I. C.*)

165. M. Duverger, dans son *Manuel du juge*

d'instruction, recommande de mentionner sur le procès-verbal d'audition la narration et le détail des faits, ainsi que l'avis des experts; sauf à ne rapporter que les observations principales, le résultat succinct, les conclusions sommaires; puis on indique que les experts ont rédigé séparément leur rapport, s'il y a lieu, et qu'il sera annexé.

166. La Cour de cassation a décidé que l'expert peut être un étranger non naturalisé, ou que deux beaux-frères peuvent procéder dans la même affaire en qualité d'experts.

167. Quand un expert dépose comme témoin et opère comme expert, il doit prêter un double serment. (*Cass.*, *13 août 1835.*)

168. L'expert doit prêter serment spécialement pour chaque affaire, mais il n'est pas nécessaire qu'il réitère cette formalité lorsqu'il procède, dans la même affaire, à de nouvelles visites ou à de nouvelles opérations. (*Cass.*, *4 septembre 1840.*)

169. Ordonnance pour nommer un expert.

Nous, N..., (*nom, grade, corps*), officier de police judiciaire, par délégation de M. le Colonel commandant le régiment;

Vu la procédure suivie contre le nommé ....., inculpé de ....;

Commettons M. (*nom, âge, qualité, demeure*), pour procéder, — après serment qu'il prête entre nos mains, conformément à l'article 44 du Code d'instruction criminelle, à l'examen de...., nous faire un rapport en honneur et conscience, et répondre spécialement aux questions suivantes :

1° . . . .

2° . . . .

Fait à Paris, le ....

170. L'expert qui refuserait, sans excuse légitime et prouvée, de faire le service dont il est requis, encourrait l'application de l'article 475 du Code pénal, n° 12 (*Cass., 6 août 1836*). Dans ce cas, l'officier de police judiciaire devrait dénoncer le fait au général commandant la circonscription qui le porterait à la connaissance du procureur de la République.

171.   **Déposition d'un expert.**
(*Art. 44, I. C.*)

—

3ᵉ RÉGIMENT D'INFANTERIE.

—

L'an mil huit cent quatre-vingt, le huit décembre, à deux heures de relevée;

Devant nous, (*nom, grade, corps*), agissant en

vertu des articles 85 et 86 du Code militaire, en qualité d'officier de police judiciaire et par délégation de M. le Colonel commandant le régiment, assisté du sieur (*nom, grade, corps*), faisant fonctions de greffier et à qui nous avons préalablement fait prêter serment de bien et fidèlement remplir lesdites fonctions, en la salle des rapports, à la caserne Babylone,

Est comparu, en vertu de notre ordonnance du...., l'expert ci-après nommé, lequel, après avoir prêté serment de faire son rapport et de donner son avis en honneur et conscience, a été interrogé par nous sur ses nom, prénoms, âge, profession et demeure, s'il est domestique, parent ou allié des parties.

A répondu se nommer (*nom, prénoms, âge, profession, demeure*).

N'être ni domestique, ni parent, ni allié des parties.

A déposé : (*Transcrire la déposition en entier.*)

Lecture faite à l'expert de sa déposition, il l'a déclarée fidèlement transcrite, l'a affirmée faite en son honneur et conscience et a signé avec nous et le greffier, en approuvant..... mots rayés nuls.

172. Réquisition à un manouvrier.

Nous, N....., (*nom, grade, corps*), officier de police judiciaire par délégation de M. le Colonel commandant ledit régiment;

Vu la procédure instruite contre le nommé....;

Requérons M....., serrurier, rue Neuve, 10, à Paris, de se rendre le 8 décembre 1880, à deux heures du soir, auprès de nous, à la caserne Babylone, avec les outils nécessaires pour effectuer... (*Indiquer le travail à exécuter.*)

Fait et donné à Paris, le...

173. Les médecins et experts appelés devant les cours et tribunaux, pour donner des explications sur leurs rapports et leurs opérations, doivent être taxés, non comme de simples témoins, mais suivant leur qualité. S'ils ne sont pas appelés en leur qualité de médecins ou d'experts, ils sont taxés comme les autres témoins. (*L. minist. J., 7 décembre 1861.*)

174. Les experts écrivains, officiers de santé et médecins civils dont le ministère est requis en justice sont taxés par l'officier de police judiciaire dans les limites fixées par les articles 16 et 17 du décret du 13 novembre 1857, et le paiement a lieu lorsque le rapporteur a ordonnancé la somme allouée. (*V.* DÉPLACEMENT ET FRAIS, p. 117.)

Art. 16. « Les experts écrivains sont taxés à raison de six francs par vacation. » (*Trois heures.*)

Art. 17. « Pareille somme de six francs est allouée, également par vacation, aux officiers de santé et médecins civils dont le ministère est requis en justice. »

175. Nous croyons inutile de donner ici les formules nécessaires à la constatation par expertise, de l'existence du faux en écriture, telle que acte de dépôt de la pièce arguée, procès-verbal descriptif, prestation de serment, dépôt du rapport, etc... Le législateur ayant tracé, pour ce crime, une procédure spéciale comportant des formes particulières d'instruction que nous avons longuement développées, d'ailleurs, dans un autre ouvrage [1], nous pensons qu'il sera préférable de se borner, dans l'information préliminaire, à recueillir les dépositions, saisir le corps du délit, et laisser faire le surplus par le rapporteur du Conseil, magistrat instruit, versé dans la pratique des lois.

176. Nous nous bornerons à indiquer la définition du faux en écriture et à en faire connaître les différentes espèces, en recommandant de nouveau à l'officier de police judiciaire de ne recueillir que les témoignages, après avoir saisi la pièce incriminée, sans s'occuper de la procédure proprement dite, qui pourra être faite plus utilement au conseil de guerre.

---

(1) *Manuel des tribunaux des armées de terre et de mer,* par A. Champoudry. Paris, 1879, 2e édition.

177. De nombreux criminalistes admettent trois branches dans la définition du faux en écriture; suivant eux le crime n'existe que :

1° S'il y a altération de la vérité dans un écrit;

2° Si cette altération de la vérité a lieu avec intention criminelle;

3° Si elle occasionne — ou peut occasionner un préjudice.

178. La Cour de cassation, par de nombreux arrêts, a donné l'appui de sa jurisprudence à cette définition.

179. Quoique nous reconnaissions parfaitement que le crime ne peut exister en l'absence de l'une seulement de ces trois conditions, nous croyons que cette formule n'est pas d'une exactitude absolue en divisant en trois éléments distincts les caractères du faux en écriture. Elle semble donner à cette infraction les apparences d'un crime d'une nature particulière et plus compliquée, puisqu'il se composerait d'abord, comme tous les autres crimes, de l'élément physique et de l'élément intentionnel, et qu'il faudrait, en outre, pour qu'il fût définitivement constitué, l'adjonction d'un troisième élément : le préjudice réel ou possible.

180. En ramenant cette définition à sa véritable formule, à savoir que le faux est l'altération de la vérité dans un écrit de nature à porter préjudice à autrui, — commise avec intention criminelle, nous reconnaîtrons que cette définition, quoique d'une exactitude indéniable, ne comporte que les deux éléments constitutifs de tous les crimes : l'élément physique et l'élément intentionnel. Si dans les crimes ordinaires on ne relève pas le préjudice, c'est qu'il est le résultat inséparable du crime lui-même.

181. Le Code pénal divise les faux en plusieurs espèces qui sont :

Le faux en écriture publique ou authentique (*art. 145, 146, 147, C. P.*), lorsqu'il est commis dans un acte ayant en réalité, ou paraissant faussement avoir l'un ou l'autre de ces caractères.

182. Le faux en écriture de commerce ou de banque (*art. 147, C. P.*), lorsque l'altération de la vérité a lieu dans une écriture ayant en réalité, ou paraissant faussement avoir le caractère commercial ou de banque.

183. Le faux en écriture privée (*art. 150, C. P.*), lorsque l'altération de la vérité se produit dans des écritures auxquelles on ne pourra attribuer ni les caractères du faux en écriture publique ou authentique, ni ceux du faux en écriture de commerce ou de banque.

184. Enfin, les faux commis dans les passe-ports, — permis de chasse, — livrets d'ouvriers, — feuilles de route, — auxquels sont assimilées les permissions délivrées aux militaires, — et certains certificats (*art. 153 à 162, C. P.*).

185. Le faux en matière d'administration militaire (*art. 257, C. M.*), qui, d'après la jurisprudence, appartient à l'espèce des faux en écriture publique et authentique, doit renfermer, pour être punissable, les mêmes éléments constitutifs que ceux exigés pour les faux ordinaires, et la procédure à suivre est identique à celle indiquée pour la constatation de ces derniers.

PERQUISITIONS.

186. D'après les dispositions de l'article 86 du Code militaire, les officiers de police judiciaire se saisissent des armes, — des effets, — papiers et pièces tant à charge qu'à décharge, et, en général, de tout ce qui peut servir à la manifestation de la vérité, en se conformant aux articles 36, 37 et 39 du Code d'instruction criminelle.

187. L'article 36 du Code d'instruction criminelle, approprié à notre juridiction par l'article 86, dispose que si la nature du crime ou du délit est telle que la preuve puisse vraisemblablement être acquise par les papiers ou autres pièces, ou effets en la possession du prévenu, l'officier de police judiciaire se transportera au domicile de celui-ci pour y faire les perquisitions des objets qu'il jugera utiles à la manifestation de la vérité. — L'article 37 ajoute qu'il devra être dressé procès-verbal des

papiers et effets saisis. Nous donnons plus loin la
formule qui pourra être employée dans la rédaction
de cet acte de justice.

188. Les officiers de police judiciaire peuvent
saisir des lettres missives, ainsi que tout autre
document, en quelque lieu et en quelques mains
qu'ils se trouvent, quand ils sont de nature à servir à la manifestation de la vérité. (*Cass., 13 octobre 1832.*)

189. La conscience commande aux magistrats
instructeurs de ne violer que dans le cas de force
majeure les garanties de notre droit moderne;
ainsi ils doivent respecter l'inviolabilité du domicile, et n'exercer de perquisitions domiciliaires que
dans le cas d'absolue nécessité.

Loi du 29 germinal an VI (*18 août 1798*), *art.
131 :* « La maison de chaque citoyen étant un asile
inviolable pendant la nuit, la gendarmerie natio-
nale ne pourra y entrer que dans les cas d'incendie,
d'inondation ou de réclamation venant de l'intérieur de la maison.

» Elle pourra, pendant le jour, dans les cas et
les formes prévus par les lois, exécuter les ordres
des autorités constituées. »

190. Ce sont les prescriptions de cette loi,
restée en vigueur, qui servent encore de règle

aux officiers de police judiciaire dans l'exercice de leurs fonctions, et l'article 91 de notre Code est une reproduction des dispositions de cet article, combinées avec celles du décret du 4 août 1806 et l'article 1036 du Code de procédure civile.

191. La jurisprudence a admis que l'on doit entendre par *nuit* tout l'intervalle de temps qui s'écoule entre le coucher et le lever du soleil. Et quoique le jour soit apparent, il est encore nuit une demi-heure avant le lever du soleil. Il est nuit depuis six heures du soir jusqu'à six heures du matin, du 1er octobre jusqu'au 31 mars, et du 1er avril au 30 septembre, de neuf heures du soir à quatre heures du matin.

192. Il est permis d'entrer dans les auberges, cabarets, cafés, boutiques et autres maisons ouvertes au public, pour y procéder à des recherches judiciaires, jusqu'à l'heure où ces établissements doivent être fermés, d'après les règlements de police.

193. Mais il n'y aurait pas de violation de domicile, alors même que l'on y serait entré pendant la nuit, si l'introduction avait eu lieu avec le consentement de la personne visitée.

194. La disposition de l'article 37 du Code

d'instruction criminelle, relatif à la saisie, est générale et n'admet aucune distinction. Elle autorise même la saisie de lettres missives adressées par un père à son fils.

195. Le droit de procéder à des perquisitions et à des saisies emporte nécessairement celui de faire et d'ordonner tout ce qui est propre à en donner le moyen, comme de faire ouvrir de force la maison, les appartements, les meubles.

196. Les opérations ci-dessus doivent être faites en présence du prévenu s'il est arrêté, lorsqu'elles ont lieu dans son domicile. Les objets lui sont représentés à l'effet de les reconnaître et de les parafer, s'il y a lieu. Cependant l'absence du prévenu à des perquisitions faites dans son domicile et à la saisie de pièces de conviction n'entraînerait pas nullité de la procédure postérieure à l'opération.

197. En temps de paix, il n'est dérogé en rien aux règles communes qui protègent l'inviolabilité du domicile des citoyens et des établissements publics dirigés par des personnes civiles. — L'autorité militaire ne peut y pénétrer pour constater un délit (n° 38)....., ou opérer une perquisition qu'avec l'assistance de l'autorité civile : juge de paix, maire ou commissaire de police, qui est toujours tenue de déférer à ses réquisitions. L'autorité civile, toute protectrice, assiste dans ce cas l'officier de police judiciaire, comme pour défendre et garantir les citoyens contre les abus d'autorité et de pouvoir qu'ils pourraient craindre, et pour attester l'identité et l'autorité de cet officier.

198. La première dérogation est apportée par l'article 153 du Code militaire, lorsque le pays se trouve en temps de guerre ; nous l'avons indiquée sous les n°s 38 — s..., p. 31.

199. Sous l'empire de l'état de siége seulement l'autorité militaire a le droit de faire des perquisitions — *de jour et de nuit* — dans le domicile des citoyens, sans avoir besoin de l'intervention des autorités civiles.

Loi du 11 août 1849. Art. 5. « Dans les places de guerre et postes militaires, soit de la frontière, soit de l'intérieur, la déclaration de l'état de siége peut être faite par le commandant militaire, dans les cas prévus par la loi du 10 juillet 1791 et par le décret du 24 décembre 1811.

» Le commandant en rend compte immédiatement au gouvernement. »

Art. 7. « Aussitôt l'état de siége déclaré, les pouvoirs dont l'autorité civile était revêtue pour le maintien de l'ordre et de la police passent tout entiers à l'autorité militaire.

» L'autorité civile continue néanmoins à exercer ceux de ces pouvoirs dont l'autorité militaire ne l'a pas dessaisie. »

Art. 8. « Les tribunaux militaires peuvent être saisis de la connaissance des crimes et délits contre la sûreté de la République, contre la constitution, contre l'ordre et la paix publics, quelle que soit la qualité des auteurs principaux et des complices. »

Art. 9. « L'autorité militaire a le droit :

» 1° De faire des perquisitions, de jour et de nuit, dans le domicile des citoyens;

» 2° D'éloigner les repris de justice et les individus qui n'ont pas leur domicile dans les lieux soumis à l'état du siége;

» 3° D'ordonner la remise des armes et des munitions et de procéder à leur recherche et à leur enlèvement;

» 4° D'interdire les publications et les réunions qu'elle juge de nature à exciter ou à entretenir le désordre. »

200.   Réquisition.

Nous, N..., (*nom*, *grade*, *corps*), officier de police judiciaire par délégation de M. le Colonel commandant ledit régiment;

Vu les articles 86 et 91 du Code militaire;

Ensemble la procédure suivie contre le nommé...;

Attendu qu'il résulte de nos investigations que des armes, papiers et effets quelconques de nature à aider à la découverte de la vérité, seraient déposés dans le domicile du sieur X..., rue..., n°...

Requérons qu'il plaise à M. le Commissaire de police du quartier de..., nous accompagner dans le domicile sus-indiqué afin d'y procéder à toutes recherches utiles.

Fait à Paris, le....

201.   Procès-verbal de saisie.

Nous, N..., (*nom*, *grade*, *corps*), officier de police judiciaire par délégation de M. le Colonel commandant ledit régiment;

Vu les articles 86 et 91 du Code militaire et 37 du Code d'instruction criminelle;

Assisté de M. le Commissaire de police du quartier, auquel réquisition en ce sens avait été adressée le 8 décembre courant, et du sieur... (*nom*, *grade*, *corps*), faisant fonctions de greffier et après serment préalable;

Nous sommes transporté au domicile du sieur X..., rue..., n°..., où, opérant perquisition, nous avons saisi (*décrire les objets*), que nous joignons à la procédure suivie contre le nommé..., pour servir de pièces de conviction.

De ce qui précède nous avons dressé le présent procès-verbal que nous avons signé avec le commissaire de police et le greffier.

Le greffier. Le commissaire de police. L'officier de police judiciaire.

7

VOLS.

—

202. Pour qu'il y ait vol, il faut que la chose, objet du délit, passe de la possession du légitime détenteur dans celle de l'auteur du délit, à l'insu ou contre la volonté du propriétaire. Pour soustraire une chose, dans le sens de la loi, il faut la prendre, l'enlever, la ravir à son légitime possesseur, dans une intention frauduleuse.

203. Celui qui soustrait frauduleusement une lettre, alors même qu'elle ne renfermerait aucune valeur, se rend coupable de vol.

204. Se rend coupable de vol celui qui, trouvant une somme d'argent ou une chose quelconque sur la voie publique, néglige d'en découvrir le propriétaire, ou reste sourd à ses réclamations; ou qui trouve à terre, dans l'intérieur d'une maison, un objet quelconque qu'il s'approprie sans rien dire; ou qui, après avoir trouvé une chose perdue, la retient au préjudice et malgré la réclamation du propriétaire; ou encore, qui réclame comme sien et se fait remettre par un tiers qui l'a trouvé, un objet qu'il sait appartenir à autrui.

205. En ce qui concerne les choses trouvées, il y a lieu de distinguer si elles ont été appréhendées avec une intention frauduleuse, ou si cette intention n'est venue qu'à la suite d'une possession plus ou moins longue. Cette distinction est d'une application très-délicate et devra appeler tout spécialement l'attention du juge qui aura à apprécier la moralité de l'acte, d'après les faits qui l'ont immédiatement suivi. Dans la première hypothèse, la jurisprudence a décidé qu'il y a soustraction, puisque le coupable s'est emparé, avec le dessein immédiat de se l'approprier, d'une chose appartenant à autrui. Dans la deuxième hypothèse, il a été jugé qu'il n'y a pas soustraction, puisque l'objet a été ramassé sans aucune pensée d'appropriation et que, si l'intention frauduleuse est venue plus tard chez le coupable, il ne pouvait soustraire un objet qui était en sa possession.

206. Le vol peut exister quoiqu'il ne se soit produit aucune réclamation de la part du propriétaire, et alors même que ce propriétaire serait inconnu ou qu'il ignorerait ses droits sur la chose soustraite. Il n'est pas indispensable que l'accu-

sation détermine, d'une manière précise, quel est
le propriétaire.

207. Dans les vols commis par les militaires, il
est très-important de connaître le propriétaire de
la chose dérobée, car sa qualité, s'il est militaire,
fait un crime de la soustraction frauduleuse, alors
que ce n'est qu'un délit si la victime est un civil.

208. L'individu qui soustrait une chose dont il
est copropriétaire se rend coupable de vol, puisqu'il
s'empare évidemment, pour partie, d'une chose
qui ne lui appartient pas. Il est bien entendu qu'il
faut que l'appréhension effective ait lieu, pour que
le vol soit constitué; car si l'objet détourné était
entre les mains du coupable, il n'y aurait plus
qu'un abus de confiance.

209. Le vol est consommé dès l'instant que la
chose appréhendée par le voleur est sortie de la légitime possession du propriétaire. Le vol ne peut
être effacé par une restitution tardive et forcée.
Cette restitution, opérée avant toute plainte et toute
poursuite, ne pourrait davantage effacer la soustraction; elle ne constituerait qu'une circonstance
atténuant le délit. Dès qu'il y a eu, de la part de
l'auteur de l'action, appréhension d'un objet mo-
bilier appartenant à autrui, avec intention de se
l'approprier, il y a eu soustraction frauduleuse

consommée; et si la restitution faite dans un temps rapproché de l'action, et avant toute poursuite, peut être prise en considération par le juge, comme constituant une circonstance atténuante, la faute n'en demeure pas moins la même.

210. Les militaires qui, occupés par les habitants, se rendent coupables de vol à leur préjudice, sont passibles des peines édictées par l'article 386, § 3ᵉ, du Code pénal; seulement la qualification à leur donner sera celle : *d'homme travaillant habituellement dans la maison;* car le fait d'appartenir à l'armée écarte tout caractère de domesticité. (*L. minist., 24 janvier 1861.*)

211. Pour qu'il y ait lieu à appliquer l'aggravation de peine prononcée par l'article 386, il faut que le vol ait été commis par un individu *travaillant habituellement* dans la maison, et qu'il ait eu lieu dans *l'habitation même* où il travaille.

213. Dans les vols commis par les sergents-majors, fourriers et caporaux ou brigadiers, ou ceux qui en remplissent les fonctions, il y a lieu de distinguer trois cas distincts qui sont les suivants :

Abus de confiance, quand le comptable ne reçoit pas l'argent en raison de ses fonctions;

Vol militaire simple, quand le comptable reçoit

l'argent en raison de ses fonctions, mais sans en être responsable; (*V. n° 258, p. 116.*)

Vol militaire comptable, quand le comptable est responsable de la somme reçue en raison de ses fonctions.

214. Par exemple, le sergent-major qui, envoyé par son capitaine pour toucher le montant de la feuille de prêt, disparaît avec l'argent de la compagnie, se rend coupable d'un *vol militaire simple*. Car l'article 155 du règlement du 10 mai 1844 n'obligeant pas le capitaine à se servir de l'intermédiaire du sergent-major pour toucher le prêt, qu'il a cependant la faculté de faire percevoir par ce sous-officier, établit rigoureusement, au point de vue strict du droit, une distinction à l'avantage du sergent-major. Dans ce cas, ce dernier étant simplement un mandataire ordinaire ne se rend coupable que d'un vol militaire simple; car s'il a bien reçu l'argent en raison de ses fonctions, c'est sous la responsabilité du capitaine. Il est de toute évidence que la faute commise ne peut être aggravée par ce fait qu'il a été choisi comme mandataire.

215. Il en est tout autrement si le sergent-major détourne l'argent de la solde, le sou de poche, après l'avoir reçu du capitaine pour payer les hommes. Dans ce cas, il commet *un vol mili-*

taire comptable, car à ce moment il est comptable
de la somme qui lui est alors remise en vertu des
règlements, lesquels prescrivent au capitaine de
donner l'argent au sergent-major qui est chargé de
payer le prêt. Dans le premier cas, en effet, le
capitaine est responsable de la somme détournée,
alors qu'il ne l'est pas dans le second.

216. L'officier de police judiciaire devra relever
avec soin les circonstances qui accompagnent le
vol et établir s'il a été commis la nuit, par plusieurs personnes, avec port d'armes apparentes ou
cachées; soit à l'aide d'effraction extérieure; ou
d'escalade; ou de fausses clés, dans une maison,
appartement, chambre ou logement habités, ou
servant à l'habitation, ou leurs dépendances; soit
sous le titre, l'uniforme ou le costume d'un fonctionnaire public ou d'un officier civil ou militaire,
ou sous un faux ordre de l'autorité civile ou mili--
taire; avec violences ou menaces de faire usage
d'armes; sur les chemins publics.

217. Le vol accompagné de deux des circonstances que nous venons d'énumérer constitue le vol
qualifié puni des travaux forcés à temps et tombe
alors sous l'application du Code pénal ordinaire,
ainsi que le prescrit l'article 248, § 6, du Code
militaire.

ESCROQUERIE.

218. La principale distinction qui existe entre l'escroquerie et le vol consiste en ce que, pour constituer la soustraction frauduleuse, il faut l'appréhension de la chose volée, à l'insu du légitime propriétaire ou détenteur, alors que dans l'escroquerie le coupable s'est fait remettre ladite chose à l'aide de manœuvres frauduleuses.

219. L'article 405 du Code pénal, en disant que la remise ou délivrance doit avoir pour objet des fonds, des meubles ou des obligations, dispositions, billets, promesses, quittances ou décharges, ne fait qu'une énumération démonstrative, et on devra considérer que l'escroquerie est constituée par la remise ou délivrance de toute chose pouvant avoir pour résultat de porter une atteinte quelconque à la fortune d'autrui.

220. Le délit d'escroquerie est constitué par le

concours de trois faits distincts : 1° l'emploi des
moyens frauduleux indiqués par la loi, savoir :
l'usage de faux noms ou de fausses qualités, et
les manœuvres frauduleuses qu'elle a déterminées;
2° la remise des titres ou valeurs obtenus à l'aide
de ces moyens; 3° le détournement ou la dissipation de ces valeurs.

221. Il importe peu que l'escroquerie profite ou
non à celui qui la commet; il suffit qu'elle porte
préjudice à celui qui en est la victime. C'est ainsi
qu'en a décidé la Cour de cassation dans de nombreuses espèces.

222. User d'un faux nom, c'est prendre un nom
qu'on n'a pas le droit de porter. Il importe peu que
le nom usurpé appartienne à un tiers ou soit pu-
rement imaginaire.

223. Prendre une fausse qualité, c'est s'attribuer un titre, une fonction, un emploi ou une
parenté qu'on n'a pas, et il suffit, pour que le
délit soit caractérisé, que l'usage du faux nom ou
de la fausse qualité ait été la cause déterminante
de la remise de la chose escroquée.

224. Le délit d'escroquerie est suffisamment
constitué par l'usage d'une fausse qualité dans le
but de persuader l'existence d'un crédit imaginaire.

suivie de la remise d'une somme d'argent ou d'objets quelconques.

225. Pour qu'il y ait escroquerie, il est nécessaire que le prévenu ait su qu'il trompait sur ses promesses, ses entreprises et les espérances qu'il donnait, et que ceux avec lesquels il traitait aient cru réellement à ces promesses, à ces entreprises. Il est évident que la bonne foi du prévenu enlève tout caractère délictueux au fait incriminé.

226. De simples mensonges ne suffisent pas pour constituer l'escroquerie; mais ce délit est suffisamment caractérisé lorsqu'à ces mensonges viennent se joindre des faits quelconques ayant pour objet de leur donner force et crédit. Par exemple, lorsqu'ils sont accompagnés d'actes extérieurs et de faits matériels de nature à faire croire à un crédit imaginaire. Ou lorsque le prévenu a recours à l'intervention d'un tiers pour confirmer ses allégations. Les tiers qui ont donné sciemment ces renseignements, dans un but de cupidité, se rendent également coupables du délit d'escroquerie.

227. Cependant, l'intervention d'un tiers pour faire croire à une allégation mensongère ne suffirait pas pour constituer le délit, il faut nécessairement que cette intervention soit de nature à faire naître l'espérance ou la crainte d'un succès, d'un accident ou de tout autre événement chimérique.

228. Toute espèce de manœuvre frauduleuse ne constitue pas l'escroquerie : il faut que la manœuvre ait eu pour but de persuader l'existence de fausses entreprises, d'un crédit ou d'un pouvoir imaginaire, ou faire naître l'espérance ou la crainte d'un succès, d'un accident ou de tout autre événement chimérique, ainsi que le dit l'article 405 du Code pénal.

229. On peut considérer comme fausse entreprise, non-seulement l'entreprise qui est de tous points chimérique, mais encore celle qui, ayant un fond vrai, présente dans certaines des parties qui la composent des circonstances entièrement fausses.

230. Il y a pouvoir ou crédit imaginaire dans le fait de s'attribuer une autorité ou une influence que l'on sait ne pas avoir. Faire naître l'espérance ou la crainte d'un succès, d'un accident ou de tout autre événement chimérique, c'est donner l'espérance ou inspirer la crainte d'un fait heureux ou malheureux que l'on sait ne pas devoir se réaliser, et cela, alors même que le fait serait absurde.

231. Le pouvoir et le crédit peuvent être imagi-

naires, quoique la position que s'est donnée le prévenu soit réelle; ainsi se rend coupable d'escroquerie, le gendarme qui abuse de sa qualité pour se
faire remettre de l'argent par un délinquant, en
lui promettant de s'abstenir d'un acte qu'il n'avait
pas le droit d'établir.

232. Se rend coupable d'escroquerie en faisant
naître l'espérance d'un événement chimérique, l'individu qui, pour payer une consommation quelconque, donne une pièce de monnaie de billon,
qu'il a rendue brillante, et la faisant passer pour
une pièce d'or, obtient la remise de l'appoint; ou
encore celui qui, abusant de la vue affaiblie d'une
personne, lui donne un jeton de cuivre en lui affir-
mant que c'est une pièce de 20 francs et s'en fait
remettre la monnaie.

233. Se rend aussi coupable d'escroquerie, le
joueur qui, à l'aide de compère, éveille des espérances de gain chez son adversaire et se ménage un
succès assuré par des manœuvres déloyales; ou
celui qui, après avoir rendu des points à sa victime pour l'exciter au jeu, emploie des moyens
frauduleux pour s'assurer le gain; ou qui, par sa
dextérité et des manœuvres habiles et déloyales,
fait arriver dans son jeu les cartes qui lui assurent
le gain.

234. Outre l'emploi de manœuvre, il faut qu'il
y ait eu remise effective de fonds ou valeurs quelconques, et la Cour suprême a jugé qu'une promesse verbale de somme d'argent ne suffirait pas
pour constituer le délit d'escroquerie. Mais il importe peu que la remise ou délivrance soit opérée
directement dans les mains de l'auteur du délit
ou dans celles de ses complices.

235. Il est de jurisprudence constante, affirmée
par de nombreux arrêts de la Cour de cassation,
que la restitution de la chose escroquée ne peut
effacer le délit, alors qu'elle a eu lieu dans la
crainte de l'opinion publique, et quand même elle
aurait été faite avant toutes poursuites. Il ne
peut y avoir dans cette remise qu'une preuve de
repentir.

236. Lorsque l'escroquerie a été commise à l'aide
de lettre missive dans laquelle le coupable a pris
un faux nom, il y a faux en écriture privée, à
moins toutefois que la lettre ne renferme ni convention, ni obligation, ni décharge, car alors ce
ne serait qu'une escroquerie.

237. Le fait de se faire servir et consommer des
boissons ou aliments dans un établissement public,
sachant être dans l'impossibilité absolue de payer,
alors qu'il n'a pas été employé de manœuvres

frauduleuses, constitue la filouterie prévue par le
2e § de l'article 401 du Code pénal.

238. Mais si le coupable a employé des manœuvres frauduleuses pour tromper le débitant,
par exemple en se servant d'un costume ou du
nom d'une tierce personne dans le but de faire
croire à sa solvabilité, il y a escroquerie.

239. *Tentative.* L'article 405 du Code pénal
punit la tentative du délit d'escroquerie, comme
le délit lui-même, et il n'est pas nécessaire qu'elle
renferme les caractères indiqués en l'article 2 du
même Code, pour la tentative de crime que nous
avons définie au chapitre « TENTATIVE. »

240. Il y a tentative d'escroquerie, quoique l'exécution du délit ne soit pas allée jusqu'au point de
faire obtenir au prévenu la remise d'une partie ou
de la totalité de la somme ou des objets sur lesquels il a voulu mettre la main ; par exemple, s'il
a été arrêté au moment de s'en emparer, ou si la
fraude étant découverte, le délit n'est pas consommé par des circonstances indépendantes de la
volonté de son auteur.

ABUS DE CONFIANCE.

241. L'abus de confiance se distingue de l'escroquerie en ce que la remise de la chose détournée a été volontaire de la part de la victime, tandis que dans l'escroquerie, cette remise a été provoquée par l'emploi de manœuvres frauduleuses de la part du c upable.

242. L'article 408 du Code pénal indique les caractères de l'abus de confiance et les conditions sans lesquelles le délit ne pourrait être constitué; il exige pour son existence le concours des quatre circonstances suivantes :

1° Que l'inculpé ait détourné ou dissipé des choses qui lui ont été confiées;

2° Que ce détournement ait été commis au préjudice des propriétaires, possesseurs ou détenteurs;

3° Que les choses confiées soient des effets, deniers, marchandises, billets, quittances ou autres

écrits contenant ou opérant obligation ou décharge;

4° Que ces objets aient été remis à titre de
louage, dépôt, mandat, nantissement, prêt à usage,
ou pour un travail salarié, à la charge de les rendre ou représenter, ou d'en faire un usage ou un
emploi déterminé.

243. Il est souvent difficile de reconnaître si le
coupable a disposé en maître, et, par suite, frauduleusement, de la chose qu'il détient pour autrui;
mais on peut dire avec certitude qu'il en aura ainsi
usé, toutes les fois qu'en disposant de la chose, il
se sera mis dans l'impuissance de remplir l'obligation qu'il avait acceptée.

244. L'abus de confiance ne peut exister s'il n'y
a eu remise effective entre les mains du prévenu,
d'effets, deniers, marchandises, billets, quittances
ou tous autres écrits contenant ou opérant obligation ou décharge.

245. Il y a détournement frauduleux lorsque,
en disposant des deniers ou objets à lui confiés,
le prévenu devait avoir la certitude raisonnable-
ment fondée de ne pouvoir les restituer en temps
utile.

246. L'article 408 n'exige pas, pour constituer

l'abus de confiance, que le coupable ait eu l'intention de s'attribuer personnellement la chose à lui
confiée; ou qu'il en ait tiré un profit personnel; il
suffit qu'il y ait eu détournement au préjudice du
propriétaire, possesseur ou détenteur, d'une chose
remise à l'un des titres énumérés audit article.

247. L'abus de confiance existe encore quoiqu'une partie seulement de l'objet ait été détournée.

248. Il y a abus de confiance, non-seulement
lorsque la chose détournée a été remise au prévenu
par le propriétaire, mais aussi lorsque cette chose
lui a été confiée par celui qui n'en était que le possesseur ou détenteur et sans qu'il soit nécessaire
que ce dernier ait un titre lui donnant le pouvoir
d'en disposer.

249. Le délit ne peut consister que dans la dissipation ou le détournement effectif des objets remis
par suite du mandat. Le retard dans la restitution
ne constitue pas nécessairement le délit de détournement, s'il ne se trouve pas établi que le coupable
avait l'intention de s'approprier la chose confiée.
Ce n'est qu'à l'époque où le mandataire s'est mis
dans l'impossibilité de restituer que le délit est
consommé.

250. Le caractère délictueux du fait incriminé ne saurait être effacé par une restitution tardive, opérée après des démarches réitérées du mandant et repoussées sous divers prétextes; ou après un long retard provenant de la difficulté qu'éprouvait le coupable à se procurer des fonds; ni par la restitution effectuée postérieurement aux poursuites, ou après condamnation par défaut; ou encore par une restitution faite avant toute poursuite par une tierce personne.

251. Il y a abus de confiance toutes les fois que le prévenu, en disposant de la chose qui lui a été remise avec une des destinations indiquées en l'article 408, s'est mis dans l'impossibilité de remplir l'obligation qu'il avait prise. Lorsqu'il n'y a qu'un retard dégagé de fraude, le délit n'existe pas. L'abus de confiance existe au contraire si, sous les apparences d'un simple retard, il y a inexécution de la convention et, par conséquent, appropriation de la chose d'autrui, alors même que cette appropriation n'aurait été que momentanée.

252. La solvabilité, plus ou moins réelle, de celui qui a commis le détournement ne peut non plus faire disparaître le délit, et l'application de l'article 408 est tout à fait indépendante du point de savoir si, au moment du détournement ou de la dissipation, le coupable était ou n'était pas solvable.

253. Il faut, pour qu'il y ait dépôt dans le sens de l'article 408, que la garde et la conservation de la chose déposée aient été le but principal et déterminant de sa tradition.

254. La violation de mandat existe aussi bien quand les sommes détournées par le mandataire ont été reçues par lui de tierces personnes en vertu de son mandat, que lorsqu'elles lui ont été remises directement par le mandant lui-même à la charge d'en faire un emploi déterminé.

255. Celui qui détourne une lettre portant son adresse, mais destinée à un tiers qui l'avait chargé de la recevoir, se rend coupable d'abus de confiance.

256. Se rend encore coupable d'abus de confiance, celui qui détourne de sa destination une somme d'argent qu'il a reçue pour l'employer à une acquisition commune entre lui et le mandant.

257. Il peut arriver aussi qu'une chose ait été laissée au domicile de l'inculpé; alors il y aura abus de confiance dans le détournement de cette chose, si elle a été remise à la foi de celui chez lequel elle est placée, car il en devient dépositaire; au contraire, il y aura soustraction frauduleuse, si cette chose est enfermée dans un meuble dont l'inculpé ne possède pas la clé, car alors elle est chez lui, il est vrai, mais elle ne lui est pas confiée.

258. On ne peut considérer comme un abus de confiance, l'action du militaire qui détourne des deniers ou effets dont il était détenteur en raison de ses fonctions, et qui ne lui auraient été remis qu'à cause desdites fonctions, et par suite de l'obligation imposée par les instructions et règlements. Ce fait caractérise le vol militaire commis par un comptable. (*Circ. minist. 1856–1864–1867. V. chapitre « Vols, » p. 98.*)

DÉPLACEMENT ET FRAIS.

259. Lorsque la taxe sera requise par un témoin, un expert, un interprète, pour l'établissement d'un plan, etc., l'officier de police judiciaire en fixera le montant, dans les limites légales, et l'indiquera en marge du procès-verbal. Il établira ensuite un mémoire de frais et un bordereau d'après les modèles portés plus loin, et les joindra au dossier de procédure de l'information au corps. Une fois saisi de cette affaire par l'ordre d'informer, le Rapporteur portera son réquisitoire au bas du mémoire de frais de façon à le rendre exécutoire, car lui seul a le droit d'ordonnancer une taxe quelconque au cours de l'instruction.

260. Il arrive quelquefois que pour obtenir plus de précision et de clarté dans les dépositions, et pour pouvoir entendre immédiatement tous les témoins qui pourraient lui être désignés comme utiles à la découverte de la vérité, le magistrat instructeur doit se transporter sur le théâtre même du crime. Cette détermination est abandonnée au pouvoir discrétionnaire du juge, mais l'officier de police judiciaire, quoique possédant le droit de se déplacer lorsque l'instruction qui lui est confiée l'exige, ne devra en user qu'avec une grande réserve.

261. Lorsqu'un officier de police judiciaire est obligé de se déplacer pour accomplir un acte quelconque de son ministère, et que ce déplacement lui occasionne des frais, il doit, pour en obtenir le remboursement, établir un mémoire de frais et un bordereau, modèles ci-après. Le mémoire est rendu exécutoire par le rapporteur et payé par le receveur de l'enregistrement.

262. Ce mémoire de frais, le même que pour les taxes dont il est parlé plus haut, est adressé au général en même temps que les autres pièces de la procédure, et le rapporteur saisi de l'affaire est tenu de le rendre exécutoire, conformément à l'article 142 du décret du 18 juin 1811. Ce mémoire doit porter, en outre, les réquisitions de l'officier du ministère public, suivant les prescriptions de l'article 140 dudit décret.

263.   Mémoire

De frais urgents de police judiciaire faits par le capitaine soussigné, officier de police judiciaire, (ou pour taxe de témoins) dans l'affaire du nommé...., inculpé de.....

Port de pièces de conviction.........	"
Frais de voiture...............	"
Honoraires de médecin..........	"
Taxe de témoin, expert, interprète ou traducteur....................	"
Total.......	"

Certifié le présent mémoire montant à la somme de.....

(Signature.)

Nous estimons qu'il y a lieu d'allouer la somme de.....

Au parquet, à Lille, le.....

Le commissaire du gouvernement.

Exécutoire.

Nous, N..., (*nom, grade*), rapporteur près le 2e conseil de guerre de la 1re Région de corps d'armée;

Vu les articles 133 et 134 du décret du 18 juin 1811;

Vu l'urgence, avons arrêté et rendu exécutoire le présent mémoire pour la somme de....., montant de la taxe que nous avons faite.

Ordonnons que ladite somme sera payée par M. le receveur de l'enregistrement à Lille.

Fait en notre cabinet, à Lille, le...

Le rapporteur.

Pour acquit de la somme (Sceau.)
ci-dessus.

L'officier de police judiciaire.

264. L'officiér de police judiciaire dresse en même temps un bordereau, du modèle ci-contre, destiné à rester joint au dossier de procédure comme pièce justificative de la dépense faite au cours de l'instruction préliminaire; laquelle dépense doit être comptée dans la somme totale des frais liquidés par le jugement du conseil.

265.   **Bordereau**

Des frais urgents de police judiciaire faits dans l'affaire du nommé...

Port de pièces de conviction. . . . . "
Frais de voiture . . . . "
Honoraires de médecin . . . . "
Taxe de témoin, expert, interprète ou tra-
ducteur. "

Total. . . . . . "

Certifié le présent bordereau montant à la somme
de.....

Lille, le.....

L'officier de police judiciaire.

266. Il est bien entendu que l'officier de police
judiciaire n'est pas tenu d'avancer les sommes qu'il
alloue aux témoins, médecins, experts, etc.,
comme taxes rémunératrices de leur déplacement
ou de leur concours. Ces sommes leur sont payées
par le receveur de l'enregistrement du lieu de leur
résidence lorsque le rapporteur du conseil a dé-
cerné l'exécutoire. Il n'y a donc guère que les frais
de voiture qui peuvent être compris dans les avan-
ces à faire.

267. Quand l'officier de police judiciaire reconnaît indispensable à la découverte de la vérité de
se déplacer, il lui est délivré une feuille de route,
s'il y a lieu, ainsi qu'au greffier qui l'accompagne,
et il fait une ordonnance de transport qui doit
rester annexée à la procédure, et qui peut être ainsi
formulée :

268.   Ordonnance de transport.

Nous, N..., (*nom, grade, corps*), officier de police
judiciaire par délégation de M. le Colonel commandant ledit régiment;

Vu la procédure suivie contre le nommé...

Attendu qu'il importe à la manifestation de la vérité de procéder à des investigations sur les lieux même à l'effet de (*indiquer l'acte de procédure à faire*).

Nous sommes transporté à *tel endroit*, accompagné du sieur N..., (*nom*, *grade*, *corps*), notre greffier.

Fait à Lille, le...

L'officier de police judiciaire.

Tarif des frais de route.

GRADE.	INDEMNITÉ de transport par kilomètre.		INDEMNITÉ par jour de route ou de séjour.	INDEMNITÉ fixe pour voyage.
	Par les voies ferrées.	En diligence.		
Officier supérieur . .	0ᶠ 031	0ᶠ 16	5ᶠ »	5ᶠ »
Officier subalterne. .	0 031	0 14	3 »	5 »
Adjudant.	0 023	0 14	3 »	» »
Sous-officier	0 017	0 135	1 75	» »
Caporal ou soldat. .	0 017	0 135	1 25	» »

269. Il nous semble équitable de décompter le montant des frais de route d'après le tarif spécial compris dans le décret du 25 décembre 1875, article 31, afin que l'officier qui se déplace pour accomplir une mission judiciaire perçoive en entier les allocations qui lui sont légitimement dues.

270. Pour toute fin de parcours moindre de 40 kilomètres, l'indemnité kilométrique est seule allouée, à l'exclusion de celle de journée de route ou de séjour.

271. L'indemnité kilométrique et de journée de route ou de séjour est allouée, quelle que soit la distance. Mais l'indemnité fixe par voyage, accordée aux officiers seulement, n'est allouée que pour les parcours excédant 40 kilomètres. Cette indemnité fixe est due pour chacun des déplacements successifs auxquels est assujetti l'officier pour l'accomplissement de sa mission.

272. L'indemnité qui n'a pas été touchée par un officier au point de départ ou pendant la route doit être réclamée, dans les cinq jours de l'arrivée à destination, au sous-intendant militaire de la place; ou, dans les quinze jours, à celui de la résidence la plus voisine s'il n'y en a pas dans la place.

273. Le rappel des indemnités non perçues au départ, et non réclamées dans les délais ne peut être fait que sur l'autorisation de l'intendant militaire de la région.

CODE

DE

JUSTICE MILITAIRE.

CODE

DE

JUSTICE MILITAIRE

POUR L'ARMÉE DE TERRE.

Du 9 juin 1857.

~~~~~~

LIVRE PREMIER.

DE L'ORGANISATION DES TRIBUNAUX MILITAIRES.

Dispositions préliminaires.

Art. 1er. La justice militaire est rendue :

1º Par des conseils de guerre ;

2º Par des conseils de révision.

Des prévôtés sont établies aux armées dans les cas prévus par le présent Code.

TITRE PREMIER.

DES CONSEILS DE GUERRE ET DES CONSEILS DE RÉVISION PERMANENTS DANS LES CIRCONSCRIPTIONS TERRITORIALES.

CHAPITRE PREMIER.

Des conseils de guerre permanents dans les circonscriptions territoriales.

2. Il y a un conseil de guerre permanent au chef-lieu de chacune des circonscriptions militaires

territoriales formées, à l'intérieur, sous le titre de corps d'armée ou de commandement supérieur, et, en Algérie, sous le titre de division militaire.

Si les besoins du service l'exigent, d'autres conseils de guerre permanents peuvent être établis dans la circonscription par un décret du chef de l'État, qui fixe le siége de chacun de ces conseils et en détermine le ressort.

3. Le conseil de guerre permanent est composé d'un colonel ou lieutenant-colonel, président, et de six juges, savoir :

Un chef de bataillon, ou chef d'escadron, ou major;

Deux capitaines;

Un lieutenant et un sous-lieutenant;

Un sous-officier [1].

4. Il y a près chaque conseil de guerre un commissaire du gouvernement, un rapporteur et un greffier.

Il peut être nommé un ou plusieurs substituts du commissaire du gouvernement et du rapporteur, et un ou plusieurs commis-greffiers.

5. Les commissaires du gouvernement et leurs

---

[1] « Les divers grades sont représentés dans le conseil de guerre, afin d'obtenir, en raison de la position et du degré d'expérience de chacun des membres, une justice éclairée et une saine appréciation des faits. » (*Exposé des motifs.*)

substituts remplissent près les conseils de guerre les fonctions du ministère public.

Les rapporteurs et leurs substituts sont chargés de l'instruction.

Les greffiers et commis-greffiers font les écritures.

6. Les présidents et les juges sont pris parmi les officiers et sous-officiers en activité dans la circonscription : ils peuvent être remplacés tous les six mois, et même dans un délai moindre, s'ils cessent d'être employés dans la circonscription [1].

7. Les commissaires du gouvernement et les rapporteurs sont pris parmi les officiers supérieurs, les capitaines, les sous-intendants militaires ou adjoints, soit en activité, soit en retraite.

Les substituts sont pris parmi les officiers en activité dans la circonscription.

Exceptionnellement et lorsque les besoins du service l'exigent, il peut être dérogé à cette règle en vertu d'une décision du ministre de la guerre.

8. Le président et les juges des conseils de guerre sont nommés par le général commandant la circonscription.

La nomination est faite par le ministre de la

---

(1) V. l'article 19, qui détermine le mode de procéder pour la formation de la liste des officiers présentés pour remplir les fonctions de juges et de présidents.

guerre s'il s'agit du jugement d'un colonel, d'un officier général ou d'un maréchal de France.

9. Les commissaires du gouvernement et les rapporteurs sont nommés par le ministre de la guerre.

Lorsqu'ils sont choisis parmi les officiers en activité, ils sont nommés sur une liste de présentation dressée par le général commandant la circonscription où siége le conseil de guerre.

Les substituts sont nommés par le général commandant la circonscription.

Un règlement d'administration publique détermine les conditions et les formes de la nomination des greffiers et commis-greffiers.

10. La composition des conseils de guerre, déterminée par l'article 3 du présent Code, est maintenue ou modifiée suivant le grade de l'accusé, conformément au tableau ci-après :

GRADE DE L'ACCUSÉ.	GRADE DU PRÉSIDENT.	GRADE DES JUGES.
Sous-officier, caporal ou brigadier, soldat.	Colonel ou lieutenant-colonel...........	1 chef de bataillon, ou chef d'escadron, ou major. 2 capitaines. 1 lieutenant. 1 sous-lieutenant. 1 sous-officier.
Sous-lieutenant......	Colonel ou lieutenant-colonel...........	1 chef de bataillon, ou chef d'escadron, ou major. 2 capitaines. 1 lieutenant. 2 sous-lieutenants.
Lieutenant.........	Colonel ou lieutenant-colonel...........	1 chef de bataillon, ou chef d'escadron, ou major. 3 capitaines. 2 lieutenants.
Capitaine	Colonel............	1 lieutenant-colonel. 3 chefs de bataillon, ou chefs d'escadron, ou majors. 2 capitaines.
Chef de bataillon, chef d'escadron, major...	Général de brigade...	2 colonels. 2 lieutenants-colonels. 2 chefs de bataillon, ou chefs d'escadron, ou majors.
Lieutenant-colonel ...	Général de brigade...	4 colonels. 2 lieutenants-colonels.
Colonel............	Général de division..	4 généraux de brigade. 2 colonels.
Général de brigade...	Maréchal de France..	4 généraux de division. 2 généraux de brigade.
Général de division ..	Maréchal de France..	2 maréchaux de France. 4 généraux de division.
Maréchal de France..	Maréchal de France..	3 maréchaux de France, ou amiraux. 3 généraux de division.

En cas d'insuffisance, dans la circonscription, d'officiers ayant le grade exigé pour la composition du conseil de guerre, le général commandant la circonscription appelle à siéger au conseil de guerre des officiers d'un grade égal à celui de l'accusé ou d'un grade immédiatement inférieur.

Lorsqu'une affaire paraîtra de nature à entraîner de longs débats, le ministre de la guerre ou le général commandant la circonscription, suivant le cas, pourra, avant l'ouverture des débats, désigner dans chaque catégorie ou grade devant composer le conseil de guerre, un ou deux juges supplémentaires.

Ces juges seront pris, d'après l'ordre d'ancienneté, à la suite des juges appelés à siéger au conseil de guerre. Ils assisteront aux débats, dans les mêmes conditions que les autres juges; mais ils ne prendront part aux délibérations dans la chambre du conseil que dans le cas où ils auraient remplacé un juge empêché, ainsi qu'il est dit ci-après.

Si, par une cause régulièrement constatée, un juge était empêché de siéger, il sera remplacé par le juge supplémentaire ou le plus ancien des deux juges supplémentaires de son grade ou de sa catégorie [1].

Cette disposition est applicable aux conseils de guerre créés en conformité du Code de justice militaire, ainsi que des lois du 7 août et du 16 mai 1872.

11. Pour juger un général de division ou un

---

[1] Les quatre derniers paragraphes ont été ajoutés par la loi du 26 juillet 1873.

maréchal de France, les maréchaux et les généraux de division sont appelés suivant l'ordre d'ancienneté à siéger dans les conseils de guerre, à moins d'empêchement admis par le ministre de la guerre.

Le président du conseil de guerre est choisi parmi les maréchaux désignés en vertu du paragraphe précédent, ou, à défaut d'un maréchal, parmi les juges désignés dans les conditions que détermine l'article 12 [1].

12. A défaut d'un nombre suffisant de maréchaux, sont appelés à faire partie du conseil de guerre d'après leur rang d'ancienneté et dans l'ordre suivant :

1° Les amiraux;

2° Des officiers généraux ayant commandé en chef devant l'ennemi. — Ces officiers généraux seront nommés par le ministre de la guerre qui restera juge en cas d'empêchement.

Les fonctions de commissaire du gouvernement peuvent être remplies par un général de division, et celles de rapporteur sont exercées par un officier général.

_____

(1) Les dispositions de l'article 12, qui permettent de prendre des juges et un commissaire du gouvernement d'un grade inférieur à celui de l'accusé, sont une dérogation au principe général consacré par ce Code, fondée sur le petit nombre des maréchaux, et sur la nécessité dans laquelle on peut se trouver de former un conseil de révision, peut-être même un second conseil de guerre pour la même affaire.

13. Pour juger un membre du corps de l'intendance militaire, un médecin, un pharmacien, un
officier d'administration, un vétérinaire ou tout
autre individu assimilé aux militaires, le conseil
de guerre est composé, suivant le grade auquel le
rang de l'accusé correspond.

14. S'il y a plusieurs accusés de différents grades
ou rangs, la composition du conseil de guerre est
déterminée par le grade ou le rang le plus élevé.

15. Lorsqu'à raison du grade ou du rang de
l'accusé, un ou plusieurs membres du conseil de
guerre sont remplacés, les autres membres, les
rapporteurs et les greffiers continuent de droit
leurs fonctions, sauf le cas prévu par l'article 12
ci-dessus.

16. Les fonctions de commissaire du gouvernement sont remplies par un officier d'un grade ou
d'un rang au moins égal à celui de l'accusé, sauf
le cas prévu par l'article 12.

Lorsqu'un commissaire du gouvernement est spécialement nommé pour le jugement d'une affaire,
il est assisté du commissaire ordinaire près le
conseil de guerre, ou de l'un de ses substituts.

17. Les conseils de guerre appelés à juger des
prisonniers de guerre sont composés comme pour
le jugement des militaires français, d'après les
assimilations de grade.

18. Lorsque, dans les cas prévus par les lois,
il y a lieu de traduire devant un conseil de guerre,

soit comme auteur principal, soit comme complice, un individu qui n'est ni militaire, ni assimilé aux militaires, le conseil reste composé, suivant le cas, comme il est dit aux articles 3 et 33 pour les sous-officiers, caporaux et soldats, à moins que le grade ou le rang d'un coaccusé militaire n'exige une autre composition.

19. Le général commandant chaque circonscription territoriale dresse, sur la présentation des chefs de corps, un tableau par grade et par ancienneté des officiers et sous-officiers de la circonscription qui peuvent être appelés à siéger comme juges dans le conseil de guerre.

Ce tableau est rectifié au fur et à mesure des mutations. Une expédition en est déposée au greffe du conseil de guerre.

Les officiers et sous-officiers sont appelés successivement, et dans l'ordre de leur inscription, à siéger dans le conseil de guerre, à moins d'empêchement admis par une décision du général commandant la circonscription [1].

20. En cas d'empêchement accidentel du président ou d'un juge, le général commandant la circonscription le remplace provisoirement, selon les cas, par un officier du même grade ou par un

---

[1] Il s'agit évidemment là d'un empêchement définitif, car s'il s'agissait d'un empêchement accidentel, on se trouverait sous l'empire de l'article suivant.

sous-officier, dans l'ordre du tableau dressé en exécution de l'article précédent.

Dans le cas d'empêchement du commissaire du gouvernement, du rapporteur et de leurs substituts, du greffier et du commis-greffier, il est provisoirement pourvu au remplacement par le général commandant la circonscription.

21. S'il ne se trouve pas dans la circonscription des officiers généraux ou supérieurs en nombre suffisant pour compléter le conseil de guerre, le ministre de la guerre y pourvoit en appelant, par rang d'ancienneté, des officiers généraux ou supérieurs employés dans les circonscriptions territoriales les plus voisines.

22. Nul ne peut faire partie d'un conseil de guerre, à un titre quelconque, s'il n'est Français ou naturalisé Français et âgé de vingt-cinq ans accomplis [1].

23. Les parents et alliés, jusqu'au degré d'oncle et de neveu inclusivement, ne peuvent être membres du même conseil de guerre, ou remplir près ce corps les fonctions de commissaire du gouvernement, de rapporteur ou de greffier.

---

[1] L'absence de l'une de ces conditions entraînerait certainement la nullité du jugement et même celle de la procédure.

Les sous-officiers employés dans les conseils de guerre en qualité de commis-greffiers auxiliaires doivent remplir ces conditions à peine de la nullité des actes et procès-verbaux à l'établissement desquels ils auraient concouru.

24. Nul ne peut siéger comme président ou juge, ni remplir les fonctions de rapporteur dans une affaire soumise au conseil de guerre :

1° S'il est parent ou allié de l'accusé jusqu'au degré de cousin issu de germain inclusivement;

2° S'il a porté la plainte, donné l'ordre d'informer ou déposé comme témoin;

3° Si, dans les cinq ans qui ont précédé la mise en jugement, il a été engagé comme plaignant, partie civile ou prévenu dans un procès criminel contre l'accusé;

4° S'il a précédemment connu de l'affaire comme administrateur ou comme membre d'un tribunal militaire [1].

25. Avant d'entrer en fonctions, les commissaires du gouvernement et les rapporteurs pris en dehors de l'activité prêtent, entre les mains du général commandant la circonscription, le serment suivant :

« *Je jure obéissance à la Constitution et fidélité au chef de l'État* [2]. »

---

[1] Les officiers qui ont agi comme officiers de police judiciaire ne peuvent pas siéger comme juges. (*L. minist.* 30 *mai* 1859.)

[2] Le décret du 11 septembre 1870 a substitué au serment politique le serment professionnel.

CHAPITRE—II.

Des conseils de révision permanents dans les circonscriptions territoriales.

26. Il est établi, pour les circonscriptions territoriales, des conseils de révision permanents dont le nombre, le siége et le ressort sont déterminés par décret du chef de l'État, inséré au *Bulletin des lois*.

27. Les conseils de révision sont composés d'un président, général de brigade, et de quatre juges, savoir :

Deux colonels ou lieutenants-colonels ;

Deux chefs de bataillon, ou chefs d'escadron, ou majors.

Il y a près chaque conseil de révision un commissaire du gouvernement et un greffier.

Les fonctions de commissaire du gouvernement sont remplies par un officier supérieur ou un sous-intendant militaire.

Il peut être nommé un substitut du commissaire du gouvernement et un commis-greffier, si les besoins du service l'exigent.

28. Le président et les juges du conseil de révision sont pris parmi les officiers en activité dans la circonscription où siége le conseil, et nommés par le général commandant la circonscription. Ils

peuvent être remplacés tous les six mois et même dans un délai moindre, s'ils cessent d'être employés dans la circonscription.

Un tableau est dressé pour les juges conformément à l'article 19 du présent Code.

Les articles 20 et 21 sont également applicables aux conseils de révision.

29. Les commissaires du gouvernement sont pris parmi les officiers supérieurs ou parmi les sous-intendants militaires en activité de service ou en retraite; ils sont nommés par le ministre de la guerre.

Les substituts sont pris parmi les officiers ou parmi les membres de l'intendance militaire en activité de service; ils sont nommés par le général commandant la circonscription.

Les conditions et les formes de la nomination des greffiers et commis-greffiers sont déterminées par le règlement d'administration publique prévu par l'article 19 du présent Code.

30. Lorsque le conseil de guerre dont le jugement est attaqué a été présidé par un maréchal de France, ou par un général de division, le conseil de révision est également présidé par un général de division, ou par un maréchal de France, ou à défaut d'un maréchal, par un officier général désigné suivant les conditions déterminées par l'article 12. Le général de brigade siége alors comme juge, et le chef de bataillon, d'escadron ou major,

le moins ancien de grade, ou, à égalité d'ancienneté, le moins âgé, ne prend point part au jugement de l'affaire.

31. Nul ne peut faire partie d'un conseil de révision s'il n'est Français ou naturalisé Français, et âgé de trente ans accomplis.

Les articles 23 et 24 du présent Code sont applicables aux membres des conseils de révision.

32. Avant leur entrée en fonctions, les commissaires du gouvernement pris en dehors de l'activité, prêtent, entre les mains du général commandant la circonscription, le serment prescrit par l'article 25 du présent Code.

TITRE II.

DES CONSEILS DE GUERRE ET DES CONSEILS DE RÉVISION AUX ARMÉES, DANS LES COMMUNES ET LES DÉPARTEMENTS EN ÉTAT DE SIÉGE ET DANS LES PLACES DE GUERRE ASSIÉGÉES OU INVESTIES.

CHAPITRE PREMIER.

Des conseils de guerre aux armées.

33. Lorsqu'un corps d'armée est appelé, ou que plusieurs corps d'armée réunis en armée sont appelés à opérer, soit sur le territoire, soit au

dehors, un ou deux conseils de guerre sont établis, sur l'ordre du ministre de la guerre, dans chaque division active, ainsi qu'au quartier-général de l'armée, et, s'il y a lieu, au quartier-général de chaque corps d'armée [1].

Si une division active, ou un détachement de troupe de la force d'un bataillon au moins, est appelé à opérer isolément, un ou deux conseils de guerre peuvent également être formés dans la division ou dans le détachement.

Ces conseils de guerre sont composés de cinq juges seulement, conformément au tableau ci-après, suivant le grade de l'accusé, jusqu'à celui de lieutenant-colonel inclusivement.

---

[1] Tant que l'accusé n'est point d'un grade supérieur à celui de lieutenant-colonel, le nombre des juges *est de cinq y compris le président;* mais lorsqu'il s'agit d'un officier du grade de colonel, chargé du commandement d'un régiment ou d'autres fonctions équivalentes, ou bien des officiers généraux des divers grades et des diverses armes, les accusations se produisent toujours dans des circonstances où l'action très-rapide de la justice n'est pas nécessaire et peut même être nuisible, car alors les questions sont très-complexes, les instructions laborieuses, les témoignages et pièces à conviction difficiles à recueillir, et le temps ne manque jamais, dans ces cas-là, pour trouver le nombre normal des juges pendant le travail de l'information, et pour les réunir dans l'intervalle de temps qui s'écoule entre la mise en jugement et la réunion du conseil (*Rapport*).

La loi de 1875 réunit aussi dans les mêmes mains les fonctions de commissaire du gouvernement et celles de rapporteur. De cette façon, le magistrat qui a instruit l'affaire sera tout préparé pour l'exposer au conseil, et, sous ce rapport encore, on évitera des pertes de temps en même temps qu'on diminuera le nombre toujours trop grand des officiers distraits du service normal par des fonctions spéciales (*Rapport*).

GRADE DE L'ACCUSÉ.	GRADE DU PRÉSIDENT.	GRADE DES JUGES.
Sous-officier, caporal ou brigadier, soldat.	Colonel ou lieutenant-colonel............	1 chef de bataillon, chef d'escadron ou major. 1 capitaine. 1 lieutenant ou sous-lieutenant. 1 sous-officier.
Sous-lieutenant......	Colonel ou lieutenant-colonel............	1 chef de bataillon, chef d'escadron ou major. 1 capitaine. 1 lieutenant. 1 sous-lieutenant.
Lieutenant..........	Colonel ou lieutenant-colonel............	1 chef de bataillon, chef d'escadron ou major. 1 capitaine. 2 lieutenants.
Capitaine..........	Colonel............	1 lieutenant-colonel. 1 chef de bataillon, chef d'escadron ou major. 2 capitaines.
Chef de bataillon, chef d'escadron, major...	Général de brigade...	1 colonel. 1 lieutenant-colonel. 2 chefs de bataillon, chefs d'escadron ou majors.
Lieutenant-colonel...	Général de brigade...	2 colonels. 2 lieutenants-colonels.

Il y a près de chaque conseil un commissaire du gouvernement rapporteur, remplissant à la fois les fonctions de magistrat instructeur et celles du ministère public, et un greffier.

Il peut être nommé un ou plusieurs substituts du commissaire du gouvernement rapporteur et un ou plusieurs commis-greffiers.

Les articles 11, 12, 13, 14, 16, 17 et 18 du présent Code sont applicables aux conseils de guerre ainsi composés.

Il n'est rien changé à la composition des conseils déterminés par l'art. 10 du présent Code, pour les autres grades, à partir de celui de colonel.

34. Les membres des conseils de guerre, ainsi que les commissaires du gouvernement rapporteurs, les substituts, les greffiers et commis-greffiers, sont pris parmi les officiers et les sous-officiers employés dans l'armée, le corps d'armée, la division ou le détachement près desquels ces conseils sont établis.

35. Les membres des conseils de guerre sont nommés et remplacés, savoir :

Dans la division, par le général commandant la division ;

Au quartier-général de l'armée, par le général en chef ;

Au quartier-général du corps d'armée, par le général commandant le corps d'armée ;

Dans le détachement de troupe, par le commandant de ce détachement.

S'il ne se trouve pas, soit dans la division, soit dans l'armée, soit dans le corps d'armée, soit dans le détachement où se forment les conseils de guerre, un nombre suffisant d'officiers du grade requis pour leur composition, il y est suppléé en descendant dans la hiérarchie, même jusqu'au grade inférieur à celui de l'accusé, si cela est nécessaire, mais sans que plus de deux juges puissent être pris dans cette catégorie.

Si, nonobstant la disposition du paragraphe précédent, il y a dans les divisions, corps d'armée et détachements, insuffisance de militaires du grade requis pour composer les conseils de guerre qui y sont attachés, il y est pourvu par le général en chef au moyen d'officiers pris dans l'armée.

En cas d'impossibilité absolue, pour le général en chef, de composer le conseil de guerre du quartier-général, il y est pourvu par le ministre de la guerre, qui compose ce conseil conformément aux dispositions de l'article 21 du présent Code, ou renvoie l'officier inculpé devant l'un des conseils de guerre permanents des circonscriptions territoriales voisines.

36. Si un maréchal de France ou un général de division ayant commandé une armée ou un corps d'armée est mis en jugement à raison d'un fait commis pendant la durée de son commandement, aucun des généraux ayant été sous ses ordres dans l'armée ou le corps d'armée ne peut faire partie du conseil de guerre.

37. Les articles 15, 22, 23 et 24 du présent Code sont applicables aux conseils de guerre siégeant aux armées.

CHAPITRE II.

Des conseils de révision aux armées.

38. Il est établi un conseil de révision au quartier-général de l'armée.

Le général en chef de l'armée ou le général commandant un corps d'armée peut, en outre, selon les besoins du service, établir un conseil de révision pour une ou plusieurs divisions, pour un ou plusieurs détachements.

39. Les membres des conseils de révision sont pris parmi les officiers employés dans les armées, corps d'armée, divisions ou détachements près desquels ces conseils sont établis.

Ils sont nommés et remplacés par les commandants de ces armées, corps d'armée, divisions ou détachements.

40. Les articles 23, 24, 27, 29, 30 et 31 du présent Code sont applicables aux conseils de révision siégeant aux armées.

41. S'il ne se trouve pas, soit au quartier-général, soit dans l'armée, soit dans le corps d'armée, soit dans la division, soit dans le détachement où se forme le conseil de révision, un nombre suffisant d'officiers du grade requis, le conseil est composé de *trois juges*, lesquels peuvent être pris, savoir :

10

Le président, parmi les colonels ou lieutenants-colonels ;

Les deux juges, parmi les chefs de bataillon, les chefs d'escadron ou les majors.

Les fonctions de commissaire du gouvernement peuvent être remplies par un capitaine ou un adjoint de l'intendance militaire.

Dans tous les cas, le président du conseil de révision doit être d'un grade au moins égal à celui de l'accusé.

CHAPITRE III.

Dispositions communes aux deux chapitres précédents.

42. Lorsque des armées, corps d'armée, divisions actives ou détachements de troupes sont appelés à opérer, soit sur le territoire, soit au dehors, les conseils de guerre et de révision permanents qui se trouvent déjà organisés dans les circonscriptions territoriales connaissent de toutes les affaires de la compétence des conseils de guerre et de révision aux armées, tant que des conseils d'armée n'ont pas été créés, conformément aux chapitres 1 et 2 du présent titre.

CHAPITRE IV.

Des conseils de guerre dans les communes et les départements en état de siége, et dans les places de guerre assiégées ou investies.

43. Lorsqu'une ou plusieurs communes, un ou plusieurs départements ont été déclarés en état de siége, les conseils de guerre permanents des circonscriptions territoriales dont font partie ces communes ou ces département, indépendamment de leurs attributions ordinaires, statuent sur les crimes et délits dont la connaissance leur est déférée par le présent Code et par les lois sur l'état de siége (1).

Le siége de ces conseils peut être transféré par décret du chef de l'Etat dans l'une de ces communes ou dans l'un de ces départements.

44. Il est établi deux conseils de guerre dans toute place de guerre assiégée ou investie.

---

(1) Cette exception au droit commun est basée sur ce qu'il eût été illogique et peut-être dangereux, pour la sûreté de l'Etat, de faire statuer de manières différentes et avec des conséquences légales distinctes sur des crimes identiques, commis dans les mêmes circonstances, inspirés par les mêmes passions... Enfin la Cour de cassation a décidé que l'état de siége, même d'une commune, étant un fait préexistant à la déclaration qui le constitue, la juridiction militaire qui se substitue aux tribunaux ordinaires régit d'une manière indivisible tous les faits qui s'y rattachent, fussent-ils antérieurs à la déclaration de l'état de siége. (*Foucher, Cass.* 20 *décembre* 1849.......... 23 *janvier* 1852.)

La formation de ces conseils est mise à l'ordre du jour de la place.

Leurs fonctions cessent dès que l'état de siége est levé, sauf en ce qui concerne les jugements des crimes et délits dont la poursuite leur a été déférée [1].

45. Les membres des conseils de guerre établis dans les places de guerre, en vertu de l'article précédent, sont nommés et remplacés par le gouverneur ou le commandant supérieur de la place, qui, à défaut de militaires en activité, peut les prendre parmi les officiers et les sous-officiers en non-activité, en congé ou en retraite. Dans ce cas, ils prêtent, entre les mains du commandant supérieur, le serment prescrit par l'article 25 du présent Code.

S'il ne se trouve pas dans la place un nombre suffisant d'officiers des grades exigés pour la formation des conseils, il y est suppléé par des officiers et sous-officiers des grades inférieurs les plus rapprochés.

46. Les conseils de guerre établis dans les places de guerre en vertu de l'article 44 sont composés comme les conseils de guerre aux armées.

Les articles 11, 12, 13, 14, 15, 16, 17, 18,

---

[1] Art. 13. Loi du 9 août 1849 sur l'état de siége

22, 23, 24, 33 et 34 du présent Code leur sont applicables.

CHAPITRE V.

Des conseils de révision dans les communes et les départements en état de siége, et dans les places de guerre assiégées ou investies.

47. Lorsqu'une ou plusieurs communes, un ou plusieurs départements ont été déclarés en état de siége, chaque conseil de révision *permanent* connaît des recours formés contre tous les jugements des conseils de guerre *placés dans sa circonscription*.

Le siége du conseil de révision peut être transféré, par décret du chef de l'Etat, dans l'une de ces communes, ou dans l'un de ces départements.

48. Il est établi un conseil de révision dans toute place de guerre assiégée ou investie.

Les membres de ce conseil sont nommés et remplacés par le gouverneur ou le commandant supérieur de la place. Ils sont pris dans les catégories indiquées dans l'article 45 du présent Code.

En cas d'insuffisance, le conseil est réduit à trois juges, conformément à l'article 41.

49. Les articles 27, 30, 31 et 32 du présent Code sont applicables aux conseils de révision siégeant dans les places de guerre assiégées ou investies.

CHAPITRE VI.

Dispositions communes aux deux chapitres précédents.

50. S'il existe déjà, dans la place de guerre assiégée ou investie, des conseils de guerre ou de révision, l'organisation en est complétée, s'il y a lieu, conformément aux dispositions des deux chapitres précédents.

TITRE III.

DES PRÉVÔTÉS.

51. Lorsqu'une armée est sur le territoire étranger, les grands-prévôts et les prévôts, indépendamment des attributions de police qui leur sont déférées par les réglements militaires, exercent une juridiction dont les limites et les règles sont déterminées par le présent Code.

52. Le grand-prévôt exerce sa juridiction, soit par lui-même, soit par les prévôts, sur tout le territoire occupé par l'armée et sur les flancs et les derrières de l'armée.

Chaque prévôt exerce sa juridiction dans la division ou le détachement auxquels il appartient, ainsi que sur les flancs et les derrières de cette division ou de ce détachement.

Le grand-prévôt, ainsi que les prévôts, jugent seuls, assistés d'un greffier, qu'ils choisissent parmi les sous-officiers et brigadiers de gendarmerie [1].

---

[1] Le grand-prévôt et les prévôts ne peuvent prononcer de peine d'emprisonnement ou d'amende, même par mesure de police, que dans les cas prévus par le Code militaire.

Les prévôtés n'ont pas de siége proprement dit : ce sont des juridictions de pied levé; elles statuent sur le lieu même où elles trouvent un coupable, pourvu qu'elles ne sortent pas des limites de leur juridiction. (*Foucher.*)

LIVRE II.

DE LA COMPÉTENCE DES TRIBUNAUX MILITAIRES.

Dispositions générales.

53. Les tribunaux militaires ne statuent que sur l'action publique, sauf les cas prévus par l'article 75 du présent Code.

Ils peuvent néanmoins ordonner, au profit des propriétaires, la restitution des objets saisis ou des pièces de conviction, lorsqu'il n'y a pas lieu d'en prononcer la confiscation.

54. L'action civile ne peut être poursuivie que devant les tribunaux civils; l'exercice en est suspendu tant qu'il n'a pas été prononcé définitivement sur l'action publique intentée avant ou pendant la poursuite de l'action civile.

TITRE PREMIER.

COMPÉTENCE DES CONSEILS DE GUERRE.

CHAPITRE PREMIER.

Compétence des conseils de guerre permanents dans les circonscriptions territoriales en état de paix.

55. Tout individu appartenant à l'armée en vertu, soit de la loi de recrutement, soit d'un

brevet ou d'une commission, est justiciable des
conseils de guerre permanents dans les circonscriptions territoriales en état de paix, selon les
distinctions établies dans les articles suivants [1].

56. Sont justiciables des conseils de guerre des
circonscriptions territoriales en état de paix pour
tous crimes et délits, sauf les exceptions portées
au titre IV du présent livre [2].

1° Les officiers de tous grades, les sous-offi-

---

[1] L'article 55 du Code de justice militaire déclare justiciable des
conseils de guerre tout individu appartenant à l'armée en vertu soit de la
loi du recrutement, soit d'un brevet ou d'une commission.

Par cette disposition, le législateur a évidemment entendu que tout
homme appartenant à l'armée en vertu d'un brevet, ou d'une commission,
fût considéré comme lié aussi étroitement au service, jusqu'à l'acceptation de sa démission, que s'il y était entré comme jeune soldat, ou comme
engagé volontaire, suivant les formes et les conditions déterminées par la
loi du recrutement. Pour les uns pas plus que pour les autres, il n'a fait
aucune réserve en ce qui touche le délit de désertion. Pour ceux donc
qui font partie de l'armée par brevets et commissions, ces titres constituent leur seul contrat, et l'acceptation de ces brevets ou commissions
les oblige à remplir tous les devoirs de leur position. (*Lettres ministérielles du 18 septembre 1858—23 avril 1873.*)

L'individu qui fait partie d'un régiment, en vertu d'une simple commission (*Loi du 13 mars 1875*), quoique pris en dehors des rangs de
l'armée, doit néanmoins être considéré comme soldat et passible, en cette
qualité, des peines de la désertion s'il abandonne son corps. (*Conseil de
révision de Lyon, 27 mai 1876.*)

[2] Ne sont pas soumis à la juridiction des conseils de guerre, les
infractions commises par les militaires aux lois sur la chasse, la pêche,
les douanes, les contributions indirectes, les octrois, les forêts et la
grande voirie. *V. article* 273.

ciers, caporaux et brigadiers, les soldats, les musiciens[1] et les enfants de troupe;

Les membres du corps de l'intendance militaire;

Les médecins, les pharmaciens, les vétérinaires militaires et les officiers d'administration;

Les individus assimilés aux militaires par les ordonnances ou décrets d'organisation;

Pendant qu'ils sont en activité de service ou portés présents sur les contrôles de l'armée ou détachés pour un service spécial [2].

2° Les militaires, les jeunes soldats, les remplaçants, les engagés volontaires et les individus assimilés aux militaires, placés dans les hôpitaux civils et militaires, ou voyageant sous la conduite

---

(1) Les musiciens gagistes, c'est-à-dire engagés par une commission, d'un caractère provisoire, sont, en cette qualité, justiciables des conseils de guerre, mais cependant ils ne peuvent pas être poursuivis pour désertion. (*Cass.*, 23 *décembre* 1859.)

(2) Les militaires absents illégalement de leurs corps doivent être considérés comme y comptant encore aussi longtemps que durent les délais de grâce que la loi militaire leur accorde pour se représenter avant que le délit de désertion ne soit consommé : mais aussitôt ces délais expirés, la juridiction militaire n'est plus compétente pour connaître des crimes ou délits qui seraient commis par des militaires dans cette position. (*Cass.*, 24 *février* 1860.) (*Même sens*, 9 *août*. 7 *décembre* 1860-28 *juillet* 1864. 22 *mai* 1874.)

Est aussi considéré comme présent sous les drapeaux ou au corps, le militaire qui, ayant obtenu un congé, aurait reçu sa feuille de route, mais ne serait pas parti et demeurerait encore à la caserne de son régiment. (*Cass.*, 17 *juin* 1854.) Ou qui, démissionnaire, n'aurait pas encore reçu la notification de l'acceptation de cette démission et n'aurait pas encore quitté son poste. (*Cass.*, 30 *août* 1855.) Ou qui, condamné à une peine qui

de la force publique, ou détenus dans les établissements, prisons et pénitenciers militaires ;

3° Les officiers de tous grades et les sous-officiers, caporaux et soldats inscrits sur les contrôles de l'hôtel national des Invalides ;

4° Les jeunes soldats laissés dans leurs foyers, et les militaires envoyés en congé illimité, lorsqu'ils sont réunis pour les revues ou exercices prévus par l'article 30 de la loi du 21 mars 1832.

Les prisonniers de guerre sont aussi justiciables des conseils de guerre.

57. Sont également justiciables des conseils de guerre des divisions territoriales en état de paix, mais seulement pour les crimes et délits prévus

---

l'exclut de l'armée, n'aurait pas commencé à subir sa peine. (*Cass.*, 13 *novembre* 1852.)

Le jeune soldat laissé dans ses foyers est justiciable des tribunaux ordinaires pour les crimes ou délits de droit commun qui lui sont imputés, même dans le cas où la perpétration de ces crimes ou délits serait postérieure à un ordre de se rendre à son corps, si d'ailleurs il n'avait alors ni rejoint celui-ci, ni rallié son détachement. (*Cass.*, 26 *février* 1863.)

Les individus appartenant au service de la marine, détachés comme auxiliaires de l'armée de terre, sont justiciables des tribunaux militaires et soumis aux lois pénales militaires (*Art.* 108, *C. maritime.*)

Les conseils de guerre de terre sont compétents pour juger l'officier de marine, détaché près de l'armée de terre pour y remplir les fonctions de commissaire du gouvernement près les conseils de guerre de terre. (*Cass.*, 12 *octobre* 1876.)

Les conseils de guerre sont compétents pour juger celui qui était militaire au moment de la perpétration des crimes pour lesquels il a été condamné. — Il importe peu que depuis il ait cessé de faire partie de l'armée. (*Même arrêt.*)

par le titre II du livre IV, les militaires de tous grades, les membres de l'intendance militaire et tous individus assimilés aux militaires :

1° Lorsque, sans être employés, ils reçoivent un traitement et restent à la disposition du gouvernement[1];

2° Lorsqu'ils sont en congé ou en permission.

58. Les jeunes soldats, les engagés volontaires et les remplaçants ne sont, depuis l'instant où ils ont reçu leur ordre de route jusqu'à celui de leur réunion en détachement ou de leur arrivée au corps, justiciables des mêmes conseils de guerre que pour les faits d'insoumission, sauf les cas prévus par les numéros 2 et 4 de l'article 56 ci-dessus.

59. Les officiers de la gendarmerie, les sous-officiers et les gendarmes ne sont pas justiciables des conseils de guerre pour les crimes et délits commis dans l'exercice de leurs fonctions relatives à la police judiciaire et à la constatation des contraventions en matière administrative [2].

---

(1) Les officiers disponibles sont considérés comme militaires en congé, jusqu'au moment où ils reçoivent une destination. (*Avis du conseil d'État,* 12 *janvier* 1811.)

(2) *La police administrative* est celle qui a pour but le maintien habituel de l'ordre public dans chaque lieu et dans chaque partie de l'administration générale. La sûreté de l'État, la sûreté des personnes, la salubrité, l'industrie, le commerce, sont les grands intérêts sur lesquels veille la police administrative. Elle est exercée, dans toute l'étendue

60. Lorsqu'un justiciable des conseils de guerre est poursuivi en même temps pour un crime ou un délit de la compétence des conseils de guerre, et pour un autre crime ou délit de la compétence des tribunaux ordinaires, il est traduit d'abord devant le tribunal auquel appartient la connaissance du fait emportant la peine la plus grave, et renvoyé ensuite, s'il y a lieu, pour l'autre fait, devant le tribunal compétent.

En cas de double condamnation, la peine la plus forte est seule subie.

Si les deux crimes ou délits emportent la même

---

du pays, par le ministre de l'intérieur, pour assurer l'exécution des lois, décrets et règlements; dans les départements, arrondissements et communes, par les préfets, sous-préfets et maires. Ses pouvoirs ne se bornent pas aux mesures de précaution qui, dans chaque localité et pour chaque partie de l'administration, peuvent être jugées propres à prévenir ou empêcher des infractions imminentes aux lois existantes. Ils impliquent encore un pouvoir réglementaire.

La police administrative est ou *municipale* ou *rurale*.

La police municipale est celle qui doit maintenir l'ordre dans la cité. Elle appartient exclusivement, dans chaque commune, aux attributions des maires et des adjoints.

La police rurale est celle qui a rapport aux fruits et aux biens de la campagne. Elle est spécialement sous la juridiction des juges de paix et des maires, et sous la surveillance des gardes champêtres et de la gendarmerie. On distingue communément sous le nom de délits ruraux les infractions aux lois sur la police rurale, quelle que soit la pénalité qui les réprime.

La police judiciaire est celle qui recherche les crimes que la police administrative n'a pu empêcher de commettre. Elle en rassemble les preuves et en livre les auteurs aux tribunaux chargés de les punir. (*Pradier-Fodéré. Précis de droit administratif.*)

peine, le prévenu est d'abord jugé pour le fait de la compétence des tribunaux militaires.

61. Le prévenu est traduit, soit devant le conseil de guerre dans le ressort duquel le crime ou délit a été commis, soit devant celui dans le ressort duquel il a été arrêté, soit devant celui de la garnison de son corps ou de son détachement.

CHAPITRE II.

De la compétence des conseils de guerre aux armées et dans les circonscriptions territoriales en état de guerre (1).

62. Sont justiciables des conseils de guerre aux armées pour tout crime ou délit :

1° Les justiciables des conseils de guerre dans les circonscriptions territoriales en état de paix ;

2° Les individus employés, à quelque titre que ce soit, dans les états-majors et dans les admi-

---

(1) L'état de guerre est déclaré par une loi ou un décret, toutes les fois que la situation oblige à donner à la police militaire plus de force et d'action que pendant l'état de paix.

Il résulte, en outre, des circonstances suivantes :

1° En temps de guerre, lorsque la place est en première ligne, ou sur le côté, ou à moins de cinq journées de marche des places, camps ou positions occupés par l'ennemi ;

2° En tout temps, quand on fait des travaux qui ouvrent une place ou un poste situé sur le côté ou en première ligne ;

3° Lorsque des rassemblements sont formés dans le rayon de cinq journées de marche, sans l'autorisation des magistrats.

Le ministre de la guerre est immédiatement informé. (*Décret du 13 octobre* 1863.)

nistrations et services qui dépendent de l'armée [1];

3° Les vivandiers et vivandières, cantiniers et cantinières, les blanchisseuses, les marchands, les domestiques et autres individus à la suite de l'armée, *en vertu de permissions*.

63. Sont justiciables des conseils de guerre, si l'armée est sur le *territoire ennemi*, tous individus prévenus, soit comme auteurs, soit comme complices, d'un des crimes ou délits prévus par le titre II du livre IV du présent Code [2];

64. Sont également justiciables des conseils de guerre, lorsque l'armée se trouve sur le *territoire français*, en présence de l'ennemi, pour crimes et délits commis dans l'arrondissement de cette armée [3] :

1° Les *étrangers* prévenus de crimes et délits prévus par l'article précédent (*de l'article 204 à l'article 266 inclus*);

---

(1) Tels sont les employés des services financiers, les interprètes, les secrétaires ou commis. (*Exposé des motifs.*)

(2) V. articles 64 et 77, n°s 2, 3 et 4.
En pays étrangers, les conseils de guerre sont compétents pour juger les individus, même étrangers à l'armée, et n'étant pas de nationalité française, qui se sont rendus coupables de crime contre la sûreté de l'armée ou de délit militaire. (*Cass.*, 22 mai 1852.)

(3) L'arrondissement d'une armée comprend tout le territoire dans lequel s'étend le commandement militaire du général qui commande en chef (décret du 29 floréal an II, art. 3), et aussi le terrain qui environne les opérations de l'armée, aussi loin que la sûreté exigera que ces opérations soient sauvegardées. *Foucher.*)

2° Tous individus prévenus comme auteurs ou complices des crimes prévus par les articles 204, 205, 206, 207, 208, 249, 250, 251, 252, 253 et 254 du présent Code.

65. Sont traduits devant le conseil de guerre de la division ou du détachement dont ils font partie, les militaires *jusqu'au grade de capitaine inclusivement, et les assimilés des rangs correspondants*.

66. Sont traduits devant le conseil de guerre du quartier-général de leur corps d'armée :

1° Les militaires attachés au quartier-général, jusqu'au grade de colonel inclusivement, et les assimilés de rangs correspondants attachés à ce quartier-général;

2° Les chefs de bataillon, les chefs d'escadron et les majors, les lieutenants-colonels et les colonels, et les assimilés de rangs correspondants attachés aux divisions composant le corps d'armée.

67. Sont traduits devant le conseil de guerre du quartier-général de l'armée :

1° Les militaires et les assimilés désignés dans l'article précédent, lorsqu'il n'a pas été établi de conseil de guerre au quartier-général de leur corps d'armée;

2° Les militaires et les individus attachés au quartier-général de l'armée;

3° Les militaires et les individus assimilés aux militaires, qui ne font partie d'aucune des divisions ou d'aucun des corps d'armée;

4° Les officiers généraux et les individus des rangs correspondants employés dans l'armée. Toutefois, le général en chef peut, s'il le juge nécessaire, les mettre à la disposition du ministre de la guerre, et, dans ce cas, ils sont traduits devant le conseil de guerre d'une des circonscriptions territoriales les plus rapprochées.

68. Tout individu justiciable des conseils de guerre aux armées, qui n'est ni militaire, ni assimilé aux militaires, est traduit devant l'un des conseils de guerre de l'armée les plus voisins du lieu dans lequel le crime ou le délit a été commis, ou du lieu dans lequel le prévenu a été arrêté.

69. Les règles de compétence établies pour les conseils de guerre aux armées sont observées dans les circonscriptions territoriales déclarées en état de guerre par un décret du chef de l'État.

CHAPITRE III.

Compétence des conseils de guerre dans les communes et les départements en état de siége et dans les places de guerre assiégées ou investies.

70. Les conseils de guerre dans le ressort desquels se trouvent les communes et les départements déclarés en état de siége et les places de guerre assiégées ou investies, connaissent de tous crimes et délits commis par les justiciables des

conseils de guerre aux armées, conformément aux articles 63 et 64 ci-dessus, sans préjudice de l'application de la loi du 9 août 1849 sur l'état de siége.

CHAPITRE IV.

Dispositions communes aux trois chapitres précédents.

71. Les jugements rendus par les conseils de guerre peuvent être attaqués par recours devant les conseils de révision.

La faculté, pour les condamnés, de former un recours en révision contre les jugements des conseils de guerre établis conformément au 3e paragraphe de l'article 33, peut être temporairement suspendue aux armées, par un décret du chef de l'État, rendu en conseil des ministres.

Le commandant supérieur d'une place assiégée ou investie a toujours le droit d'ordonner cette suspension.

Dans tous les cas, lorsque cette mesure est prise, elle est portée à la connaissance des troupes par la voie de l'ordre, et, au besoin, à la connaissance de la population par voie d'affiches. Elle n'a d'effet qu'à l'égard des condamnés jugés pour des crimes ou délits commis après cette publication, et les condamnations, soit à la peine de mort, soit à toute autre peine infamante, ne sont exécutées que sur un ordre signé de l'officier qui a ordonné la mise en jugement.

TITRE II.

COMPÉTENCE DES CONSEILS DE RÉVISION.

72. Les conseils de révision prononcent sur les recours formés contre les jugements des conseils de guerre établis dans leur ressort.

73. Les conseils de révision ne connaissent pas du fond des affaires.

74. Les conseils de révision ne peuvent annuler les jugements que dans les cas suivants :

1° Lorsque le conseil de guerre n'a pas été composé conformément aux dispositions du présent Code;

2° Lorsque les règles de la compétence ont été violées;

3° Lorsque la peine prononcée par la loi n'a pas été appliquée aux faits déclarés constants par le conseil de guerre, ou lorsqu'une peine a été prononcée en dehors des cas prévus par la loi;

4° Lorsqu'il y a eu violation ou omission des formes prescrites à peine de nullité;

5° Lorsque le conseil de guerre a omis de statuer sur une demande de l'accusé ou une réquisition du commissaire du gouvernement tendant à user d'une faculté ou d'un droit accordé par la loi.

TITRE III.

COMPÉTENCE DES PRÉVÔTÉS.

75. Les prévôtés ont juridiction :

1° Sur les vivandiers, vivandières, cantiniers, cantinières, blanchisseuses, marchands, domestiques et toutes personnes à la suite de l'armée en vertu de permissions ;

2° Sur les vagabonds et gens sans aveu ;

3° Sur les prisonniers de guerre qui ne sont pas officiers.

Elles connaissent à l'égard des individus ci-dessus désignés dans l'étendue de leur ressort :

1° Des infractions prévues par l'article 271 du présent Code ;

2° De toute infraction dont la peine ne peut excéder six mois d'emprisonnement et deux cents francs d'amende, ou l'une de ces peines [1] ;

3° Des demandes en dommages-intérêts qui n'excèdent pas cent cinquante francs, lorsqu'elles se rattachent à une infraction de leur compétence.

Les décisions des prévôtés ne sont susceptibles d'aucun recours.

---

[1] Toute infraction dont la peine excéderait six mois de prison ou deux cents francs d'amende ne saurait être, de la part du prévôt, que l'objet d'une plainte au général, qui serait maître de traduire le prévenu devant un conseil.

TITRE IV.

COMPÉTENCE EN CAS DE COMPLICITÉ.

76. Lorsque la poursuite d'un crime, d'un délit ou d'une contravention comprend des individus non justiciables des tribunaux militaires et des militaires ou autres individus justiciables de ces tribunaux, tous les prévenus indistinctement sont traduits devant les tribunaux ordinaires, sauf les cas exceptés par l'article suivant ou par toute autre disposition expresse de la loi.

77. *Tous* les prévenus indistinctement sont traduits devant les tribunaux militaires :

1° Lorsqu'ils sont tous militaires ou assimilés aux militaires, alors même qu'un ou plusieurs d'entre eux ne seraient pas justiciables de ces tribunaux, en raison de leur position au moment du crime ou du délit;

2° S'il s'agit de crimes ou de délits commis par des justiciables des conseils de guerre et *par des étrangers;*

3° S'il s'agit de crimes ou de délits commis aux armées en pays étranger;

4° S'il s'agit des crimes ou des délits commis à l'armée, sur le territoire *français, en présence de l'ennemi.*

78. Lorsqu'un crime ou un délit a été commis

de complicité par des individus justiciables des tribunaux de l'armée de terre et par des individus justiciables des tribunaux de la marine, la connaissance en est attribuée aux juridictions maritimes, si le fait a été commis sur les vaisseaux et autres navires de l'Etat ou dans l'enceinte des ports militaires, arsenaux ou autres établissements maritimes [1].

79. Si le crime ou le délit a été commis en tous autres lieux que ceux qui sont indiqués dans l'article précédent, les tribunaux de l'armée de terre sont seuls compétents. Il en est de même, si les vaisseaux, ports, arsenaux, ou autres établissements maritimes où le fait a été commis se trouvent dans une circonscription en état de siége.

TITRE V.

DES POURVOIS DEVANT LA COUR DE CASSATION.

80. Ne peuvent, en aucun cas, se pourvoir en cassation contre les jugements des conseils de guerre et des conseils de révision :

1° Les militaires, les assimilés aux militaires et

---

(1) Le vol commis dans un arsenal ou dans l'intérieur d'un port militaire, par un militaire, est de la compétence maritime; et en vertu de l'article 88 du Code de justice de l'armée de mer, les complices non militaires sont justiciables du même tribunal. (*Cass.*, 15 *juillet* 1875.)

tous autres individus désignés dans les articles 55, 56 et 57 ci-dessus ;

2° Les individus soumis, à raison de leur position, aux lois et règlements militaires ;

3° Les justiciables des conseils de guerre dans les cas prévus par les articles 62, 63 et 64 ci-dessus ;

4° Tous individus enfermés dans une place de guerre en état de siége.

81. Les accusés ou condamnés qui ne sont pas compris dans les désignations de l'article précédent peuvent attaquer les jugements des conseils de guerre et des conseils de révision devant la Cour de cassation, mais pour cause d'incompétence seulement.

Le pourvoi en cassation ne peut être formé avant qu'il ait été statué sur le recours en révision ou avant l'expiration du délai fixé pour l'exercice de ce recours.

Les pourvois en cassation contre les jugements des conseils de guerre sont absolument interdits en temps de guerre, pour tous les condamnés sans exception, lorsque le recours en révision a été suspendu comme il est dit au 2ᵉ paragraphe de l'article 71.

82. Les dispositions des articles 411, 442, 443, 444, 445, 446, 447 et 542, § 1ᵉʳ du Code d'instruction criminelle sont applicables aux jugements des tribunaux militaires. Il n'est pas dérogé aux dispositions de l'article 527 du même Code.

LIVRE III.

DE LA PROCÉDURE DEVANT LES TRIBUNAUX MILITAIRES.

TITRE PREMIER.

PROCÉDURE DEVANT LES CONSEILS DE GUERRE.

CHAPITRE PREMIER.

**Procédure devant les conseils de guerre dans les circonscrip-
tions territoriales en état de paix.**

SECTION PREMIÈRE.

De la police judiciaire et de l'instruction.

83. La police judiciaire militaire recherche les crimes ou les délits, en rassemble les preuves, et en livre les auteurs à l'autorité chargée d'en poursuivre la répression devant les tribunaux militaires.

84. La police judiciaire militaire est exercée, sous l'autorité du général commandant la circonscription :

1° Par les adjudants de place;

2° Par les officiers, sous-officiers et commandants de brigade de gendarmerie [1];

3° Par les chefs de poste;

4° Par les gardes de l'artillerie et du génie;

5° Par les rapporteurs près les conseils de guerre, en cas de flagrant délit.

85. Les commandants et majors de place, les chefs de corps, de dépôt et de détachement, les chefs de service d'artillerie et du génie, les membres du corps de l'intendance militaire, peuvent faire personnellement, ou requérir les officiers de police judiciaire, chacun en ce qui le concerne, de faire tous les actes nécessaires à l'effet de constater les crimes et les délits et d'en livrer les auteurs aux tribunaux chargés de les punir.

Les chefs de corps peuvent déléguer les pouvoirs qui leur sont donnés par le précédent paragraphe, à l'un des officiers sous leurs ordres [2].

---

(1) Les procès-verbaux dressés par les brigadiers de gendarmerie et les gendarmes ne sont, dans aucun cas, soumis à la formalité de l'affirmation. (*Loi du* 28 *juin* 1856.)

Décret du 24 *avril* 1858. — Art. 33. Les officiers rapporteurs près les conseils de guerre peuvent décerner des commissions rogatoires aux officiers, sous-officiers et commandants de brigade de gendarmerie à l'effet d'entendre des témoins, de recueillir des renseignements et d'accomplir tous les actes inhérents à leur qualité d'officier de police judiciaire, conformément aux dispositions de l'article 84 du Code de justice militaire.

La gendarmerie est chargée de faire toutes assignations, citations et notifications en vertu des articles 102 et 183 du même Code.

(2) Ce dernier paragraphe a été ajouté par la loi du 18 mai 1875. V. n° 5—s., p. 7—s.

86. Les officiers de police judiciaire reçoivent, en cette qualité, les dénonciations et les plaintes qui leur sont adressées.

Ils rédigent les procès-verbaux nécessaires pour constater le corps du délit et l'état des lieux.

Ils reçoivent les déclarations des personnes présentes ou qui auraient des renseignements à donner.

Ils se saisissent des armes, effets, papiers et pièces tant à charge qu'à décharge, et, en général, de tout ce qui peut servir à la manifestation de la vérité, en se conformant aux articles 31, 33, 36, 37, 38, 39 et 65 du Code d'instruction criminelle [1].

87. Dans les cas de flagrant délit, tout officier de police judiciaire militaire ou ordinaire peut faire saisir les militaires ou les individus justiciables des tribunaux militaires, inculpés d'un crime ou d'un délit. Il les fait conduire immédiatement devant l'autorité militaire et dresse procès-verbal de l'arrestation, en y consignant leurs noms, qualités et signalement [2].

88. Hors le cas de flagrant délit, tout militaire ou tout individu justiciable des conseils de guerre, en activité de service, inculpé d'un crime ou d'un délit, ne peut être arrêté qu'en vertu de l'ordre de ses supérieurs [3].

---

(1) V. n° 21—s., p. 22—s.

(2) V. n° 45—s., p. 34—s.

(3) V. n° 45—s., p. 34—s.

89. Lorsque l'autorité militaire est appelée, hors le cas de flagrant délit, à constater, dans un établissement civil, un crime ou un délit de la compétence des tribunaux militaires, ou à y faire arrêter un de ses justiciables, elle adresse à l'autorité civile ou judiciaire compétente ses réquisitions tendant, soit à obtenir l'entrée de cet établissement, soit à assurer l'arrestation de l'inculpé.

L'autorité judiciaire ordinaire est tenue de déférer à ses réquisitions, et, dans le cas de conflit, de s'assurer de la personne de l'inculpé.

Lorsqu'il s'agit d'un établissement maritime, la réquisition est adressée à l'autorité maritime [1].

90. Les mêmes réquisitions sont adressées par l'autorité civile à l'autorité militaire, lorsqu'il y a lieu, soit de constater un crime ou un délit de la compétence des tribunaux ordinaires dans un établissement militaire, soit d'y arrêter un individu justiciable de ces tribunaux.

L'autorité militaire est tenue de déférer à ces réquisitions, et, dans le cas de conflit, de s'assurer de la personne de l'inculpé [2].

91. Les officiers de police judiciaire militaire ne peuvent s'introduire dans une maison particulière,

---

(1) V. n° 31—s., p. 28—s.
(2) V. n° 31—s., p. 28—s.

si ce n'est avec l'assistance, soit du juge de paix, soit de son suppléant, soit du maire, soit de son adjoint, soit du commissaire de police [1].

92. Chaque feuillet du procès-verbal dressé par un officier de police judiciaire militaire est signé par lui et par les personnes qui y ont assisté. En cas de refus ou d'impossibilité de signer de la part de celles-ci, il en est fait mention [2].

93. A défaut d'officier de police judiciaire militaire présent sur les lieux, les officiers de police judiciaire ordinaire recherchent et constatent les crimes et les délits soumis à la juridiction des conseils de guerre.

94. Dans le cas d'insoumission, la plainte est dressée par le commandant du dépôt de recrutement du département auquel appartient l'insoumis.

La plainte énonce l'époque à laquelle l'insoumis aurait dû rejoindre.

Sont annexés à la plainte :

1° La copie de la notification faite à domicile de la lettre de mise en activité;

2° La copie des pièces énonçant que l'insoumis n'est pas arrivé à la destination qui lui avait été assignée;

3° L'exposé des circonstances qui ont accompagné l'insoumission.

_____

(1) V. n° 34—s., p. 29—s.
(2) V. n° 33—s., p. 29.

S'il s'agit d'un engagé volontaire ou d'un remplaçant qui n'a pas rejoint le corps, une expédition de l'acte de l'engagement ou du remplacement est annexée à la plainte [1].

95. Dans le cas de désertion, la plainte est dressée par le chef du corps ou du détachement auquel le déserteur appartient.

Sont annexés à cet acte :

1° Un extrait du registre matricule du corps ;

2° Un état indicatif des armes et des objets qui auraient été emportés par l'inculpé ;

3° L'exposé des circonstances qui ont accompagné la désertion [2].

96. Il n'est pas dérogé par les articles précédents aux lois, décrets et règlements relatifs

---

(1) D'après la nouvelle loi sur le recrutement, les pièces à produire au dossier de l'insoumis pour demander les poursuites sont :

1° L'ordre d'appel sous les drapeaux, ou, pour l'engagé volontaire, copie de l'acte d'engagement ;

2° Le procès-verbal de la gendarmerie, ou original de notification de l'ordre de route, détaché de ce dernier, constatant que la signification a été faite au domicile légal ;

3° Le procès-verbal de la gendarmerie constatant les recherches infructueuses qui ont été faites ;

4° Le signalement n° 1 ;

5° La plainte en insoumission, formule 4, adressée au général commandant la subdivision avant l'arrestation de l'insoumis ;

6° Procès-verbal d'arrestation, ou de présentation volontaire ;

7° La plainte en insoumission, formule 8, adressée au général commandant la région de corps d'armée, après arrestation ou présentation du coupable.

(2) V. n° 16, p. 17. N° 26—s., p. 25—s.

aux devoirs imposés à la gendarmerie, aux chefs de poste et autres militaires dans l'exercice de leurs fonctions ou pendant le service.

97. Les actes et procès-verbaux dressés par les officiers de police judiciaire militaire sont transmis sans délai, avec les pièces et documents, au général commandant la circonscription.

Les actes et procès-verbaux émanés des officiers de police ordinaire sont transmis directement au procureur de la République, qui les adresse sans délai au général commandant la circonscription [1].

98. S'il s'agit d'un individu justiciable des tribunaux ordinaires, le général commandant envoie les pièces au procureur de la République près le tribunal du chef-lieu de la circonscription militaire; et, si l'inculpé est arrêté, il le met à la disposition de ce magistrat et en informe le ministre de la guerre.

99. La poursuite des crimes et délits ne peut avoir lieu, à peine de nullité, que sur un ordre d'informer donné par le général commandant la circonscription, soit d'office, soit d'après les rapports, actes ou procès-verbaux dressés conformément aux articles précédents.

---

(1) V. n° 18, p. 21.

L'ordre d'informer est donné par le ministre de la guerre, si l'inculpé est colonel, officier général ou maréchal de France.

100. L'ordre d'informer pour chaque affaire est adressé au commissaire du gouvernement près le conseil de guerre qui doit en connaître, avec les rapports, procès-verbaux, pièces, objets saisis et autres documents à l'appui.

Le commissaire du gouvernement transmet immédiatement toutes les pièces au rapporteur.

101. Le rapporteur procède à l'interrogatoire du prévenu.

Il l'interroge sur ses nom, prénoms, âge, lieu de naissance, profession, domicile, et sur les circonstances du délit; il lui fait représenter toutes les pièces pouvant servir à conviction, et il l'interpelle pour qu'il ait à déclarer s'il les reconnaît.

S'il y a plusieurs prévenus du même délit, chacun d'eux est interrogé séparément, sauf à les confronter, s'il y a lieu.

L'interrogatoire fini, il en est donné lecture au prévenu, afin qu'il déclare si ses réponses ont été fidèlement transcrites, si elles contiennent la vérité et s'il y persiste. L'interrogatoire est signé par le prévenu et clos par la signature du rapporteur et celle du greffier.

Si le prévenu refuse de signer, mention est faite de son refus.

Il est pareillement donné lecture au prévenu des procès-verbaux de l'information.

102. Le rapporteur cite les témoins par le ministère des agents de la force publique et les entend; il décerne les commissions rogatoires et fait les autres actes d'instruction que l'affaire peut exiger, en se conformant aux articles 73, 74, 75, 76, 78, 79, 82, 83 et 85 du Code d'instruction criminelle.

Si les témoins résident hors du lieu où se fait l'information, le rapporteur peut requérir, par commission rogatoire, soit le rapporteur, près le conseil de guerre, soit le juge d'instruction, soit le juge de paix du lieu dans lequel ces témoins sont résidants, à l'effet de recevoir leur déposition [1].

Le rapporteur saisi de l'affaire peut également adresser des commissions rogatoires aux fonctionnaires ci-dessus mentionnés lorsqu'il faut procéder hors du lieu où se fait l'information, soit aux recherches prévues par l'article 86 du pré-

---

[1] L'article 102 ne doit pas être entendu d'une façon limitative. — Aux termes de l'article 48 du Code d'instruction criminelle, les officiers de gendarmerie sont officiers de police judiciaire auxiliaires du procureur de la République. Ils ont donc parfaitement qualité pour recevoir, par commissions rogatoires, les dépositions des témoins domiciliés hors du lieu où se fait l'instruction (*L. minist.*, 30 *juin* 1870).

Lorsque des témoins ont été entendus irrégulièrement par l'officier de police judiciaire, le rapporteur *doit* les faire déposer dans l'information. (*L. minist.*, 5 *novembre* 1863.)

sent Code, soit à tout autre acte d'instruction.

103. Toute personne citée pour être entendue en témoignage est tenue de comparaître et de satisfaire à la citation. Si elle ne comparaît pas, le rapporteur peut, sur les conclusions du commissaire du gouvernement, sans autre formalité ni délai, prononcer une amende qui n'excède pas cent francs, et peut ordonner que la personne citée sera contrainte par corps à venir donner son témoignage.

Le témoin ainsi condamné à l'amende sur le premier défaut, et qui, sur la seconde citation, produira devant le rapporteur des excuses légitimes, pourra, sur les conclusions du commissaire du gouvernement, être déchargé de l'amende.

104. Si les déclarations ont été recueillies par un magistrat ou un officier de police judiciaire avant l'ordre d'informer, le rapporteur peut se dispenser d'entendre ou de faire entendre les témoins qui auront déjà déposé [1].

---

(1) V. n° 126—s., p. 69.

Les actes des officiers de police judiciaire ne sont valables que régulièrement établis. En effet, si l'article 104 autorise le rapporteur à se dispenser d'entendre les témoins qui ont déjà déposé devant un officier de police judiciaire avant l'ordre d'informer, c'est évidemment à la condition que leurs déclarations seront constatées dans des actes régulièrement dressés et pouvant être admis comme pièces de procédure, puisque ces actes sont destinés à remplacer ceux qui, à leur défaut, devraient nécessairement être établis par le rapporteur lui-même. Avant donc de s'approprier, en quelque sorte, ces enquêtes préliminaires, le rapporteur

105. Si le prévenu n'est pas arrêté, le rapporteur peut décerner contre lui, soit un mandat de comparution, soit un mandat d'amener.

Le mandat est adressé par le commissaire du gouvernement au commandant militaire du lieu, qui le fait exécuter.

Après l'interrogatoire du prévenu, le mandat de comparution ou d'amener peut être converti en mandat de dépôt.

Le mandat de dépôt est exécuté sur l'exhibition qui en est faite au concierge de la prison.

Le commissaire du gouvernement rend compte au général commandant la circonscription des mandats de comparution, d'amener ou de dépôt qui ont été décernés par le rapporteur.

106. S'il résulte de l'instruction que le prévenu a des complices justiciables des conseils de guerre, le rapporteur en réfère, par l'intermédiaire du commissaire du gouvernement, au général commandant la circonscription, et il est procédé à l'égard des prévenus de complicité conformément à l'article 99.

Si les complices, ou l'un d'eux, ne sont pas

---

est tenu d'examiner si les prescriptions de la loi ont été observées. — S'il vient à reconnaître que les dépositions d'un ou plusieurs témoins n'ont pas été reçues dans la forme prescrite par la loi et qu'il en pourrait résulter un motif d'annulation, il doit citer les témoins devant lui ou les faire entendre à nouveau par commission rogatoire. (*L. minist.*, 6 *janvier* 1865.)

justiciables des conseils de guerre, le commissaire du gouvernement en donne avis sur-le-champ au général commandant la circonscription qui renvoie l'affaire à l'autorité compétente.

107. Pendant le cours de l'instruction, le commissaire du gouvernement peut prendre connaissance des pièces de la procédure et faire toutes les réquisitions qu'il juge convenables.

De la mise en jugement et de la convocation du conseil de guerre.

108. L'instruction terminée, le rapporteur transmet les pièces, avec son rapport et son avis, au commissaire du gouvernement, lequel les adresse immédiatement, avec ses conclusions, au général commandant la circonscription, qui prononce sur la mise en jugement.

Lorsque c'est le ministre de la guerre qui a donné l'ordre d'informer, les pièces lui sont adressées par le général commandant la circonscription, et il statue directement sur la mise en jugement.

109. L'ordre de mise en jugement ou, suivant le cas, l'ordonnance de non-lieu, est adressé au commissaire du gouvernement avec toutes pièces de la procédure. S'il y a mise en jugement, le commissaire du gouvernement, trois jours au

moins avant la réunion du conseil de guerre, notifie cet ordre à l'accusé, en lui faisant connaître le crime ou le délit pour lequel il est mis en jugement, le texte de la loi applicable, et les noms des témoins qu'il se propose de faire citer.

Il l'avertit, en outre, à peine de nullité, que, s'il ne fait pas choix d'un défenseur, il lui en sera nommé un d'office par le président.

110. Le défenseur doit être pris, soit parmi les militaires, soit parmi les avocats et les avoués, à moins que l'accusé n'obtienne du président la permission de prendre pour défenseur un de ses parents ou amis.

111. Le général commandant la circonscription, en adressant l'ordre de mise en jugement, ordonne de convoquer le conseil de guerre et fixe le jour et l'heure de sa réunion; il en donne avis au président et au commissaire du gouvernement qui fait les convocations nécessaires.

112. Le défenseur de l'accusé peut communiquer avec lui aussitôt l'accomplissement des formalités prescrites par l'article 109; il peut aussi prendre communication sans déplacement ou obtenir copie, à ses frais, de tout ou partie des pièces de la procédure, sans néanmoins que la réunion du conseil de guerre puisse être retardée.

De l'examen et du jugement.

113. Le conseil de guerre se réunit au jour et à l'heure fixés par l'ordre de convocation.

Des exemplaires du présent Code, du Code d'instruction criminelle et du Code pénal ordinaire sont déposés sur le bureau.

Les séances sont publiques, à peine de nullité; néanmoins, si cette publicité paraît dangereuse pour l'ordre ou pour les mœurs, le conseil ordonne que les débats aient lieu à huis-clos. Dans tous les cas, le jugement est prononcé publiquement.

Le conseil peut interdire le compte rendu de l'affaire : cette interdiction ne peut s'appliquer au jugement.

114. Le président a la police de l'audience.

115. Les assistants sont sans armes, ils se tiennent découverts, dans le respect et le silence. Lorsque les assistants donnent des signes d'approbation ou d'improbation, le président les fait expulser. S'ils résistent à ses ordres, le président ordonne leur arrestation et leur détention pendant un temps qui ne peut excéder quinze jours. Les individus justiciables des conseils de guerre sont conduits dans la prison militaire, et les autres individus à la maison d'arrêt civile. Il est fait mention, dans le procès-verbal, de l'ordre du pré-

sident; et, sur l'exhibition qui est faite de cet ordre au gardien de la prison, les perturbateurs y sont reçus.

Si le trouble ou le tumulte a pour but de mettre obstacle au cours de la justice, les perturbateurs, quels qu'ils soient, sont, audience tenante, déclarés coupables de rébellion par le conseil de guerre, et punis d'un emprisonnement qui ne peut excéder deux ans.

Lorsque les assistants ou les témoins se rendent coupables, envers le conseil de guerre ou l'un de ses membres, de voies de fait ou d'outrages ou menaces par propos ou gestes, ils sont condamnés séance tenante :

1° S'ils sont militaires ou assimilés aux militaires, quels que soient leurs grades ou rangs, aux peines prononcées par le présent Code contre ces crimes ou délits, lorsqu'ils ont été commis envers des supérieurs pendant le service;

2° S'ils ne sont ni militaires ni assimilés aux militaires, aux peines portées par le Code pénal ordinaire.

116. Lorsque des crimes ou des délits autres que ceux prévus par l'article précédent sont commis dans le lieu des séances, il est procédé de la manière suivante :

1° Si l'auteur du crime ou du délit est justiciable des tribunaux militaires, il est jugé immédiatement;

2° Si l'auteur du crime ou du délit n'est point justiciable des tribunaux militaires, le président, après avoir fait dresser procès-verbal des faits et des dépositions des témoins, renvoie les pièces et l'inculpé devant l'autorité compétente.

117. Le président fait amener l'accusé, lequel comparaît sous garde suffisante, libre et sans fers, assisté de son défenseur; il lui demande ses nom et prénoms, son âge, sa profession, sa demeure et le lieu de sa naissance; si l'accusé refuse de répondre, il est passé outre.

118. Si l'accusé refuse de comparaître, sommation d'obéir à la justice lui est faite au nom de la loi par un agent de la force publique commis à cet effet par le président. Cet agent dresse procès-verbal de la sommation et de la réponse de l'accusé. Si l'accusé n'obtempère pas à la sommation, le président peut ordonner qu'il soit amené par la force devant le conseil; il peut également, après lecture faite à l'audience du procès-verbal constatant sa résistance, ordonner que, nonobstant son absence, il soit passé outre aux débats.

Après chaque audience, il est, par le greffier du conseil de guerre, donné lecture à l'accusé qui n'a pas comparu du procès-verbal des débats, et il lui est signifié copie des réquisitions du commissaire du gouvernement, ainsi que des jugements rendus, qui sont tous réputés contradictoires.

119. Le président peut faire retirer de l'audience et reconduire en prison tout accusé qui, par des clameurs ou par tout autre-moyen propre à causer du tumulte, met obstacle au libre cours de la justice, et il est procédé aux débats et au jugement comme si l'accusé était présent. L'accusé peut être condamné, séance tenante, pour ce seul fait, à un emprisonnement qui ne peut excéder deux ans.

Si l'accusé militaire ou assimilé aux militaires se rend coupable de voies de fait ou d'outrages ou menaces par propos ou gestes, envers le conseil ou l'un de ses membres, il est condamné, séance tenante, aux peines prononcées par le présent Code contre ces crimes ou délits, lorsqu'ils ont été commis envers des supérieurs pendant le service.

Dans le cas prévu par le paragraphe précédent, si l'accusé n'est ni militaire ni assimilé aux militaires, il est condamné aux peines portées par le Code pénal ordinaire.

120. Dans les cas prévus par les articles 115, 116 et 119 du présent Code, le jugement rendu, le greffier en donne lecture à l'accusé et l'avertit du droit qu'il a de former un recours en révision dans les vingt-quatre heures. Il dresse procès-verbal, le tout à peine de nullité.

121. Le président fait lire par le greffier l'ordre de convocation, le rapport prescrit par l'article 108 du présent Code, et les pièces dont il lui

paraît nécessaire de donner connaissance au conseil; il fait connaître à l'accusé le crime ou le délit pour lequel il est poursuivi; il l'avertit que la loi lui donne le droit de dire tout ce qui est utile à sa défense; il avertit aussi le défenseur de l'accusé qu'il ne peut rien dire contre sa conscience ou contre le respect qui est dû aux lois, et qu'il doit s'exprimer avec décence et modération.

122. Aucune exception tirée de la composition du conseil, aucune récusation ne peuvent être proposées contre les membres du conseil de guerre, sans préjudice du droit pour l'accusé de former un recours en révision, dans les cas prévus par l'article 74, n° 1, du présent Code.

123. Si l'accusé a des moyens d'incompétence à faire valoir, il ne peut les proposer devant le conseil de guerre qu'avant l'audition des témoins.

Cette exception est jugée sur-le-champ.

Si l'exception est rejetée, le conseil passe au jugement de l'affaire, sauf à l'accusé à se pourvoir contre le jugement sur la compétence en même temps que contre la décision rendue sur le fond.

Il en est de même pour le jugement de toute autre exception ou de tout incident soulevé dans le cours des débats.

124. Les jugements sur les exceptions, les

moyens d'incompétence et les incidents sont rendus à la majorité des voix.

125. Le président est investi d'un pouvoir discrétionnaire pour la direction des débats et la découverte de la vérité.

Il peut, dans le cours des débats, appeler, même par mandat de comparution ou d'amener, toute personne dont l'audition lui paraît nécessaire; il peut aussi faire apporter toute pièce qui lui paraîtrait utile à la manifestation de la vérité.

Les personnes ainsi appelées ne prêtent pas serment, et leurs déclarations ne sont considérées que comme renseignements.

126. Dans le cas où l'un des témoins ne se présente pas, le conseil de guerre peut passer outre aux débats, et lecture est donnée de la déposition du témoin absent.

127. Si, d'après les débats, la déposition d'un témoin paraît fausse, le président peut, sur la réquisition, soit du commissaire du gouvernement, soit de l'accusé, et même d'office, faire sur-le-champ mettre le témoin en état d'arrestation. Si le témoin est justiciable des conseils de guerre, le président, ou l'un des juges nommés par lui, procède à l'instruction. Quand elle est terminée, elle est envoyée au général commandant la circonscription.

Si le témoin n'est pas justiciable des conseils de guerre, le président, après avoir dressé procès-verbal et avoir fait arrêter l'inculpé, s'il y a lieu, le renvoie, avec le procès-verbal, devant le procureur de la République du lieu où siége le conseil de guerre.

128. Les dispositions des articles 315, 316, 317, 318, 319, 320, 321, 322, 323, 324, 325, 326, 327, 328, 329, 332, 333, 334, 351, 355 du Code d'instruction criminelle sont observées devant les conseils de guerre.

129. L'examen et les débats sont continués sans interruption, et le président ne peut les suspendre que pendant les intervalles nécessaires pour le repos des juges, des témoins et des accusés.

Les débats peuvent être encore suspendus si un témoin dont la déposition est essentielle ne s'est pas présenté, ou si, la déclaration d'un témoin ayant paru fausse, son arrestation a été ordonnée, ou lorsqu'un fait important reste à éclaircir.

Le conseil prononce sur la suspension des débats à la majorité des voix, et, dans le cas où la suspension dure plus de quarante-huit heures, les débats sont recommencés en entier.

130. Le président procède à l'interrogatoire de l'accusé et reçoit les dépositions des témoins.

Le commissaire du gouvernement est entendu dans ses réquisitions et développe les moyens qui appuient l'accusation.

L'accusé et son défenseur sont entendus dans leur défense.

Le commissaire du gouvernement réplique, s'il le juge convenable; mais l'accusé et son défenseur ont toujours la parole les derniers.

Le président demande à l'accusé s'il n'a rien à ajouter à sa défense, et déclare ensuite que les débats sont terminés.

131. Le président fait retirer l'accusé.

Les juges se rendent dans la chambre du conseil, ou, si les localités ne le permettent pas, le président fait retirer l'auditoire.

Les juges ne peuvent plus communiquer avec personne, ni se séparer avant que le jugement ait été rendu. Ils délibèrent hors la présence du commissaire du gouvernement et du greffier.

Ils ont sous les yeux les pièces de la procédure.

Le président recueille les voix, en commençant par le grade inférieur; il émet son opinion le dernier.

132. Les questions sont posées par le président dans l'ordre suivant pour chacun des accusés :

1° L'accusé est-il coupable du fait qui lui est imputé?

2° Ce fait a-t-il été commis avec telle ou telle circonstance aggravante?

3° Ce fait a-t-il été commis dans telle ou telle circonstance qui le rend excusable d'après la loi?

Si l'accusé est âgé de moins de seize ans, le

président pose cette question : L'accusé a-t-il agi avec discernement?

133. Les questions indiquées par l'article précédent ne peuvent être résolues contre l'accusé qu'à la majorité de cinq voix contre deux.

134. Si l'accusé est déclaré coupable, le conseil de guerre délibère sur l'application de la peine.

Dans le cas où la loi autorise l'admission de circonstances atténuantes, si le conseil de guerre reconnaît qu'il en existe en faveur de l'accusé, il le déclare à la majorité absolue des voix.

La peine est prononcée à la majorité de cinq voix contre deux.

Si aucune peine ne réunit cette majorité, l'avis le plus favorable sur l'application de la peine est adopté.

135. En cas de conviction de plusieurs crimes ou délits, la peine la plus forte est seule prononcée.

136. Le jugement est prononcé en séance publique.

Le président donne lecture des motifs et du dispositif.

Si l'accusé n'est pas reconnu coupable, le conseil prononce son acquittement, et le président ordonne qu'il soit mis en liberté, s'il n'est retenu pour autre cause [1].

_____

(1) Les jugements d'acquittement ne doivent pas être inscrits sur l'état

Si le conseil de guerre déclare que le fait commis par l'accusé ne donne lieu à l'application d'aucune peine, il prononce son absolution, et le président ordonne qu'il sera mis en liberté à l'expiration du délai fixé pour le recours en révision.

137. Tout individu acquitté ou absous ne peut être repris ni accusé à raison du même fait.

138. Si le condamné est membre de l'ordre national de la Légion d'honneur ou décoré de la médaille militaire, le jugement déclare, dans les

---

signalétique et des services des militaires. (*Cir. minist.*, 11 *février* 1865 *et* 5 *avril* 1873.)

Malgré son acquittement un militaire gradé peut être cassé de son grade par voie disciplinaire. (*Cir. minist.*, 6 *janvier* 1873.)

Cette disposition s'appuie sur les arrêts suivants, rendus par la Cour régulatrice :

L'action en discipline ne saurait être confondue avec la vindicte publique ; pouvant s'exercer pour des faits qui ne sont point qualifiés par la loi pénale, cette action est assujettie à des formes spéciales ; les *punitions* qui en sont la suite ne sont pas de véritables *peines* comme les décisions qui les prononcent ne sont pas de véritables jugements. (*Cass.*, 12 *mai* 1827.)

L'action disciplinaire n'est pas éteinte par l'exercice de l'action publique : elle peut lui succéder comme la précéder. (*Cass.*, 22 *décembre* 1827.)

L'article 360 I. C. ne concerne que la poursuite criminelle et ne saurait empêcher l'exercice de l'action disciplinaire qui dérive d'une toute autre cause et est régie par des principes tout différents ; la poursuite de l'action disciplinaire a pour but de se conformer à la législation conservatrice de l'honneur et de la délicatesse professionnelle, et une décision de cette nature peut, sans violer la maxime *non bis in idem*, faire revivre, sous le rapport de leur *moralité*, des faits déjà produits et écartés sous le rapport de leur criminalité. (*Cass.*, 29 *décembre* 1836 — 12 *avril* 1837 — 21 *mai* 1851.)

cas prévus par les lois, qu'il cesse de faire partie de la Légion d'honneur ou d'être décoré de la médaille militaire.

139. Le jugement qui prononce une peine contre l'accusé le condamne aux frais envers l'Etat. Il ordonne, en outre, dans les cas prévus par la loi, la confiscation des objets saisis et la restitution, soit au profit de l'Etat, soit au profit des propriétaires, de tous objets saisis ou produits au procès comme pièces de conviction.

140. Le jugement fait mention de l'accomplissement de toutes les formalités prescrites par la présente section.

Il ne reproduit ni les réponses de l'accusé ni les dépositions des témoins.

Il contient les décisions rendues sur les moyens d'incompétence, les exceptions et les incidents.

Il énonce, à peine de nullité :

1° Les noms et grades des juges;

2° Les nom, prénoms, âge, profession et domicile de l'accusé;

3° Le crime ou délit pour lequel l'accusé a été traduit devant le conseil de guerre;

4° La prestation de serment des témoins;

5° Les réquisitions du commissaire du gouvernement;

6° Les questions posées, les décisons et le nombre des voix;

7° Le texte de la loi appliquée;

8° La publicité des séances ou la décision qui a ordonné le huis-clos;

9° La publicité de la lecture du jugement faite par le président.

Le jugement écrit par le greffier, est signé sans désemparer par le président, les juges et le greffier.

141. Le commissaire du gouvernement fait donner lecture du jugement à l'accusé par le greffier, en sa présence et devant la garde rassemblée sous les armes.

Aussitôt après cette lecture, il avertit le condamné que la loi lui accorde vingt-quatre heures pour exercer son recours devant le conseil de révision.

Le greffier dresse du tout un procès-verbal signé par lui et par le commissaire du gouvernement.

142. Lorsqu'il résulte, soit des pièces produites, soit des dépositions des témoins entendus dans les débats, que l'accusé peut être poursuivi pour d'autres crimes ou délits que ceux qui ont fait l'objet de l'accusation, le conseil de guerre, après le prononcé du jugement, renvoie, sur les réquisitions du commissaire du gouvernement, ou même d'office, le condamné au général qui a donné l'ordre de mise en jugement, pour être procédé, s'il y a lieu, à l'instruction. S'il y a eu condamnation, il est sursis à l'exécution du jugement.

S'il y a eu acquittement ou absolution, le conseil de guerre ordonne que l'accusé demeure en état d'arrestation jusqu'à ce qu'il ait été statué sur les faits nouvellement découverts.

143. Le délai de vingt-quatre heures accordé au condamné pour se pourvoir en révision court à partir de l'expiration du jour où le jugement lui a été lu.

La déclaration du recours est reçue par le greffier ou par le directeur de l'établissement où est détenu le condamné. La déclaration peut être faite par le défenseur du condamné.

144. Dans le cas d'acquittement ou d'absolution de l'accusé, l'annulation du jugement ne pourra être poursuivie par le commissaire du gouvernement que conformément aux articles 409 et 410 du Code d'instruction criminelle.

Le recours du commissaire du gouvernement est formé, au greffe, dans le délai prescrit par l'article précédent.

145. S'il n'y a pas de recours en révision, et si, aux termes de l'article 80 du présent Code, le pourvoi en cassation est interdit, le jugement est exécutoire dans les vingt-quatre heures après l'expiration du délai fixé pour le recours.

S'il y a recours en révision, il est sursis à l'exécution du jugement.

146. Si le recours en révision est rejeté, et si,

aux termes de l'article 80 du présent Code, le pourvoi en cassation est interdit, le jugement de condamnation est exécuté dans les vingt-quatre heures après la réception du jugement qui a rejeté le recours.

147. Lorsque la voie du pourvoi en cassation est ouverte, aux termes de l'article 81 du présent Code, le condamné doit former son pourvoi dans les trois jours qui suivent la notification de la décision du conseil de révision, et, s'il n'y a pas eu recours devant ce conseil, dans les trois jours qui suivent l'expiration du délai accordé pour l'exercer.

Le pourvoi en cassation est reçu par le greffier ou par le directeur de l'établissement où est détenu le condamné.

148. Dans le cas où le pourvoi en cassation est autorisé par l'article 81 du présent Code, s'il n'y a pas eu pourvoi, le jugement de condamnation est exécuté dans les vingt-quatre heures après l'expiration du délai fixé pour le pourvoi, et, s'il y a eu pourvoi, dans les vingt-quatre heures après la réception de l'arrêt qui l'a rejeté.

149. Le commissaire du gouvernement rend compte au général commandant la circonscription, suivant les cas, soit du jugement de rejet du conseil de révision, soit de l'arrêt de rejet de la Cour de cassation, soit du jugement du conseil de guerre. S'il n'y a eu, dans les délais, ni recours

en révision ni pourvoi en Cassation, il requiert l'exécution du jugement.

150. Le général commandant la circonscription peut suspendre l'exécution du jugement, à la charge d'en informer sur-le-champ le ministre de la guerre.

151. Les jugements des conseils de guerre sont exécutés sur les ordres du général commandant la circonscription et à la diligence du commissaire du gouvernement, en présence du greffier, qui dresse procès-verbal.

La minute de ce procès-verbal est annexée à la minute du jugement, en marge de laquelle il est fait mention de l'exécution.

Dans les trois jours de l'exécution, le commissaire du gouvernement est tenu d'adresser une expédition du jugement au chef du corps dont faisait partie le condamné.

Si le condamné est membre de la Légion d'honneur, décoré de la médaille militaire ou d'un ordre étranger, il est également adressé une expédition au grand-chancelier.

Toute expédition du jugement de condamnation fait mention de l'exécution.

. CHAPITRE II.

Procédure devant les conseils de guerre aux armées, dans les circonscriptions territoriales en état de guerre, dans les communes et les départements en état de siége, et dans les places de guerre assiégées ou investies.

152. La procédure établie pour les conseils de guerre dans les divisions territoriales en état de paix est suivie dans les conseils de guerre aux armées, dans les divisions territoriales en état de guerre, dans les communes et les départements en état de siége, et les places de guerre assiégées et investies, sauf les modifications portées dans les articles suivants.

153. Lorsqu'un officier de police judiciaire militaire, dans les cas prévus par les articles 89 et 91 du présent Code, doit pénétrer dans un établissement civil ou dans une habitation particulière, et qu'il ne se trouve sur les lieux aucune autorité civile chargée de l'assister, il peut passer outre, et mention en est faite dans le procès-verbal.

154. L'ordre d'informer est donné :

Par le général en chef à l'égard des inculpés justiciables du conseil de guerre du quartier-général de l'armée;

Par le général commandant le corps d'armée à l'égard des inculpés justiciables du conseil de guerre du corps d'armée;

Par le général commandant la division, à l'égard des inculpés justiciables du conseil de guerre de la division;

Par le commandant du détachement de troupes à l'égard des inculpés justiciables du conseil de guerre formé dans le détachement;

Par le gouverneur ou commandant supérieur dans les places de guerre assiégées ou investies.

155. L'ordre de mise en jugement et de convocation du conseil de guerre est donné par l'officier qui a ordonné l'information.

156. Aux armées, dans les circonscriptions territoriales en état de guerre, et dans les places de guerre assiégées ou investies, l'accusé peut être traduit directement, et sans instruction préalable, devant le conseil de guerre.

La procédure est réglée comme il suit, à partir de la mise en jugement, qu'il y ait eu ou non instruction préalable :

1° La citation est faite à l'accusé vingt-quatre heures au moins avant la réunion du conseil; elle contient notification de l'ordre de convocation; elle indique, conformément à l'article 109, le crime ou le délit pour lequel il est mis en jugement, le texte de la loi applicable et les noms des témoins que le commissaire rapporteur se propose de faire entendre.

Le commissaire rapporteur désigne un défenseur d'office avant la citation. L'accusé peut en présenter un de son choix jusqu'à l'ouverture des débats; la citation doit notifier à l'accusé le nom du défenseur désigné et l'avertir qu'il peut en choisir un autre;

2° Le défenseur peut prendre connaissance de l'affaire et de tous les documents et renseignements recueillis; à partir du moment où la citation a été donnée, il peut communiquer avec l'accusé;

3° Le conseil de guerre se réunit au jour indiqué et procède au jugement de l'accusé dans les formes prescrites par les articles 113 et suivants du présent Code. L'accusé a le droit, sans formalités ni citations préalables, de faire entendre à sa décharge tout témoin présent à l'audience et qu'il aura désigné au commissaire du gouvernement rapporteur avant l'ouverture des débats;

4° Les questions indiquées à l'article 132 sont résolues, et la peine est prononcée, à la majorité de cinq voix contre deux ou de trois voix contre deux, selon que le conseil de guerre est composé de sept juges ou seulement de cinq;

5° Le condamné pourra se pourvoir en révision dans le délai et suivant les formes prévues aux articles 143, 159 et suivants du présent Code, à moins que le droit de former ce recours n'ait été suspendu par application de l'article 71.

157. Le général en chef a, dans l'étendue de son commandement, toutes les attributions dévolues au

ministre de la guerre dans les circonscriptions territoriales, par les articles 99, 106, 108 et 150 du présent Code, sauf les cas prévus par les articles 209 et 210.

Les mêmes pouvoirs sont accordés au gouverneur et au commandant supérieur dans les places de guerre assiégées ou investies.

158. Les conseils de guerre aux armées, dans les divisions territoriales en état de guerre, dans les communes et les départements en état de siége et les places de guerre assiégées ou investies, statuent, séance tenante, sur tous les crimes et délits commis à l'audience, alors même que le coupable ne serait pas leur justiciable.

TITRE II.

PROCÉDURE DEVANT LES CONSEILS DE RÉVISION.

159. Après la déclaration du recours, le commissaire du gouvernement près le conseil de guerre adresse sans retard au commissaire du gouvernement près le conseil de révision une expédition du jugement et de l'acte de recours. Il y joint les pièces de la procédure et la requête de l'accusé, si elle a été déposée.

160. Le commissaire du gouvernement près le conseil de révision envoie sur-le-champ les pièces

de la procédure au greffe du conseil, où elles restent déposées pendant vingt-quatre heures.

Le défenseur de l'accusé peut en prendre communication sans déplacement et produire avant le
jugement les requêtes, mémoires et pièces qu'il
juge utiles.

Le greffier tient un registre sur lequel il men-
tionne à leur date les productions faites par le
commissaire du gouvernement et par le condamné.

161. A l'expiration du délai de vingt-quatre
heures, les pièces de l'affaire sont renvoyées par
le président à l'un des juges, pour en faire le rapport.

162. Le conseil de révision prononce dans les
trois jours, à dater du dépôt des pièces.

163. Dans le cas d'une des incapacités prévues
par l'article 31 du présent Code, l'exception doit
être proposée avant l'ouverture des débats, et elle
est jugée par le conseil de révision, dont la décision
est sans recours.

164. Le rapporteur expose les moyens de recours; il présente ses observations, sans toutefois
faire connaître son opinion. Après le rapport, le
défenseur du condamné est entendu; il ne peut
plaider sur le fond de l'affaire.

Le commissaire du gouvernement discute les
moyens présentés dans la requête ou à l'audience,
ainsi que ceux qu'il croit devoir proposer d'office,

et il donne ses conclusions, sur lesquelles le défenseur est admis à présenter ses observations.

165. Les juges se retirent dans la chambre du
conseil; si les localités ne le permettent pas, ils
font retirer l'auditoire; ils délibèrent hors de la
présence du commissaire du gouvernement et du
greffier.

Ils statuent, sans désemparer et à la majorité
des voix, sur chacun des moyens proposés.

Le président recueille les voix, en commençant
par le grade inférieur. Toutefois, le rapporteur
opine toujours le premier.

Le jugement est motivé. En cas d'annulation, le
texte de la loi violée ou faussement appliquée est
transcrit dans le jugement.

Le jugement est prononcé, par le président, en
audience publique.

La minute est signée par le président et par le
greffier.

166. Si le recours est rejeté, le commissaire du
gouvernement transmet le jugement du conseil de
révision et les pièces au commissaire du gouvernement près le conseil de guerre qui a rendu le
jugement, et il en donne avis au général commandant la circonscription.

167. Si le conseil de révision annule le jugement pour incompétence, il prononce le renvoi
devant la juridiction compétente, et s'il l'annule
pour tout autre motif, il renvoie l'affaire devant le

conseil de guerre de la circonscription qui n'en a pas connu, ou, à défaut d'un second conseil de guerre dans la circonscription, devant celui d'une des circonscriptions voisines.

168. Le commissaire du gouvernement près le conseil de révision envoie au commissaire du gouvernement près le conseil de guerre dont le jugement est annulé une expédition du jugement d'annulation.

Ce jugement est, à la diligence du commissaire du gouvernement, transcrit sur les registres du conseil de guerre. Il en est fait mention en marge du jugement annulé.

169. Le commissaire du gouvernement près le conseil de révision transmet sans délai les pièces du procès, avec une expédition du jugement d'annulation, au commissaire du gouvernement près le conseil de guerre devant lequel l'affaire est renvoyée.

Si le jugement a été annulé pour cause d'incompétence de la juridiction militaire, les pièces sont transmises au procureur de la République près le tribunal du lieu où siége le conseil de révision. Il est procédé, pour le surplus, comme à l'article 98 du présent Code.

170. Si l'annulation a été prononcée pour inobservation des formes, la procédure est recommencée, à partir du premier acte nul. Il est procédé à de nouveaux débats.

Néanmoins, si l'annulation n'est prononcée que pour fausse application de la peine aux faits dont l'accusé a été déclaré coupable, la déclaration de la culpabilité est maintenue, et l'affaire n'est renvoyée devant le nouveau conseil de guerre que pour l'application de la peine.

171. Si le deuxième jugement est annulé, l'affaire doit être renvoyée devant un conseil de guerre qui n'en ait point connu.

172. Les dispositions des articles 110, 113, 114 et 115 du présent Code, relatifs aux conseils de guerre, sont applicables aux conseils de révision.

Dans les cas prévus par l'article 116, il est procédé comme au dernier paragraphe de cet article.

Dans tous les cas, les décisions sont prises à la majorité indiquée par l'article 165.

TITRE III.

PROCÉDURE DEVANT LES PRÉVÔTÉS.

173. Les prévôtés sont saisies par le renvoi que leur fait l'autorité militaire ou par la plainte de la partie lésée.

Dans le cas de flagrant délit, ou même en cas d'urgence, elles peuvent procéder d'office.

174. Les prévenus sont amenés devant la prévôté, qui juge publiquement [1].

La partie plaignante expose sa demande.

Les témoins prêtent serment.

Les prévenus présentent leur défense.

Le jugement est motivé; il est signé par le prévôt et par le greffier; il est exécutoire sur minute.

TITRE IV.

DE LA CONTUMACE ET DES JUGEMENTS PAR DÉFAUT.

175. Lorsqu'après l'ordre de mise en jugement, l'accusé d'un fait qualifié crime n'a pu être saisi, ou lorsqu'après avoir été saisi il s'est évadé, le président du conseil de guerre rend une ordonnance indiquant le crime pour lequel l'accusé est poursuivi et portant qu'il sera tenu de se présenter dans un délai de dix jours [2].

Cette ordonnance est mise à l'ordre du jour.

---

(1) Les prévôts doivent avoir une grande liberté d'action, donner suite aux plaintes qui leur sont adressées, ou les retenir, ou enfin procéder d'office, suivant les circonstances dont ils sont seuls juges. (*Exposé des motifs.*)

(2) Pour tout homme mis en jugement par contumace ou par défaut, lorsque le conseil d'administration du corps dont cet homme fait partie aura reçu la copie du jugement conformément à l'article 39 de la loi du 13 brumaire an V (*aujourd'hui 151 du Code militaire*), le chef de corps devra dresser un nouveau signalement n° 1 du condamné, bien qu'une

176. Après l'expiration du délai de dix jours, à partir de la mise à l'ordre du jour de l'ordonnance du président, il est procédé, sur l'ordre du général commandant la circonscription, au jugement par contumace.

Nul défenseur ne peut se présenter pour l'accusé contumax.

Les rapports et procès-verbaux, la déposition des témoins et les autres pièces de l'instruction sont lus en entier à l'audience.

Le jugement est rendu dans la forme ordinaire, mis à l'ordre du jour et affiché à la porte du lieu où siége le conseil de guerre et à la mairie du domicile du condamné.

Le greffier et le maire dressent procès-verbal, chacun en ce qui le concerne.

Ces formalités tiennent lieu de l'exécution du jugement par effigie [1].

---

pièce semblable ait dû être envoyée lors de la disparition. — Ce nouveau signalement sera transmis à toutes les autorités qui auront reçu le premier, pour qu'elles soient informées de la condamnation. Dans le cas où, d'après le jugement qui aurait été notifié au corps, l'homme serait acquitté, le chef de corps le rayerait du nombre des militaires en fuite et le déclarerait en état de désertion. (*Instructions du 16 septembre 1847.*)

(1) « Des doutes se sont élevés sur la question de savoir si les jugements d'acquittement et les jugements par contumace doivent être inscrits sur les états de service et les folios des militaires qui ont été traduits en justice. »

« Les jugements d'acquittement ne doivent, en aucun cas, être inscrits sur les matricules ni sur les états de service. »

« Quant aux jugements par contumace, leur inscription doit avoir lieu,

177. Le recours en révision contre les jugements par contumace n'est ouvert qu'au commissaire du gouvernement.

178. Les articles 471, 474, 475, 476, 477 et 478 du Code d'instruction criminelle sont applicables aux jugements par contumace rendus par les conseils de guerre.

179. Lorsqu'il s'agit d'un fait qualifié délit par la loi, si l'accusé n'est pas présent, il est jugé par défaut.

Le jugement, rendu dans la forme ordinaire, est mis à l'ordre du jour de la place, affiché à la porte du lieu où siége le conseil de guerre, et signifié à l'accusé ou à son domicile.

Dans les cinq jours, à partir de la signification, outre un jour par cinq myriamètres, l'accusé peut former opposition

Ce délai expiré sans qu'il ait été formé d'opposition, le jugement est réputé contradictoire.

---

mais à titre provisoire. Plus tard, cette inscription est rayée, si le contumax est renvoyé absous par un nouveau jugement, ou est décédé avant que les délais de prescription fussent expirés; elle devient, au contraire, définitive après l'expiration de ces délais, ou lorsque le jugement par contumace a été confirmé par une nouvelle condamnation. (*Note minist. du 11 février* 1865.)

TITRE V.

DISPOSITIONS GÉNÉRALES.

180. La reconnaissance de l'identité d'un individu condamné par un conseil de guerre, évadé et repris, est faite par le conseil de guerre de la circonscription où se trouve le corps dont fait partie le condamné.

Si le condamné n'appartient à aucun corps, la reconnaissance est faite par le conseil de guerre qui a prononcé la condamnation, et, si le conseil a cessé ses fonctions, par le conseil de guerre de la circonscription sur le territoire de laquelle le condamné a été repris.

Le conseil statue sur la reconnaissance en audience publique, en présence de l'individu repris, après avoir entendu les témoins appelés tant par le commissaire du gouvernement que par l'individu repris; le tout à peine de nullité.

Le commissaire du gouvernement et l'individu repris ont la faculté de se pourvoir en révision contre le jugement qui statue sur la reconnaissance de l'identité.

Les dispositions des paragraphes 1 et 2 ci-dessus sont applicables au jugement des condamnés par contumace qui se représentent ou qui sont arrêtés.

181. Lorsqu'après l'annulation d'un jugement, un second jugement rendu contre le même accusé est annulé pour les mêmes motifs que le premier, l'affaire est renvoyée devant un conseil de guerre d'une des circonscriptions voisines. Le conseil doit se conformer à la décision du conseil de révision sur le point de droit.

Toutefois, s'il s'agit de l'application de la peine, il doit adopter l'interprétation la plus favorable à l'accusé.

Le troisième jugement ne peut plus être attaqué par les mêmes moyens, si ce n'est par la voie de cassation dans l'intérêt de la loi, aux termes des articles 441 et 442 du Code d'instruction criminelle.

182. Lorsque les conseils de guerre ou de révision aux armées, dans les circonscriptions territoriales en état de guerre, dans les communes et les départements en état de siége et les places de guerre assiégées ou investies, cessent leurs fonctions, les affaires dont l'information est commencée sont portées devant les conseils de guerre des circonscriptions territoriales désignées par le ministre de la guerre.

183. Toutes assignations, citations et notifications aux témoins, inculpés ou accusés, sont faites sans frais par la gendarmerie ou par tous autres agents de la force publique.

184. Les dispositions du chapitre V du titre VII du livre II du Code d'instruction criminelle, relatives à la prescription, sont applicables à l'action publique résultant d'un crime ou délit de la compétence des juridictions militaires, ainsi qu'aux peines résultant des jugements rendus par ces tribunaux.

Toutefois, la prescription contre l'action publique résultant de l'insoumission ou de la désertion ne commence à courir que du jour où l'insoumis ou le déserteur a atteint l'âge de quarante-sept ans.

A quelque époque que l'insoumis ou le déserteur soit arrêté, il est mis à la disposition du ministre de la guerre, pour compléter, s'il y a lieu, le temps de service qu'il doit encore à l'État.

LIVRE IV.

DES CRIMES, DES DÉLITS ET DES PEINES.

TITRE PREMIER.

DES PEINES ET DE LEURS EFFETS.

185. Les peines qui peuvent être appliquées par les tribunaux militaires en matière de crime sont :

La mort,

Les travaux forcés à perpétuité,

La déportation,

Les travaux forcés à temps,

La détention,

La réclusion,

Le bannissement,

La dégradation militaire.

186. Les peines en matière de délits sont :

La destitution,

Les travaux publics,

L'emprisonnement,

L'amende.

187. Tout individu condamné à la peine de mort par un conseil de guerre est fusillé.

188. Lorsque la condamnation à la peine de mort est prononcée contre un militaire en vertu des lois pénales ordinaires, elle entraîne de plein droit la dégradation militaire.

189. Les peines des travaux forcés, de la déportation, de la détention, de la réclusion et du bannissement sont appliquées conformément aux dispositions du Code pénal ordinaire.

Elles ont les effets déterminés par ce Code et emportent, en outre, la dégradation militaire.

190. Tout militaire qui doit subir la dégradation militaire, soit comme peine principale, soit comme accessoire d'une peine autre que la mort, est conduit devant la troupe sous les armes. Après la lecture du jugement, le commandant prononce ces mots à haute voix : « N*** N*** (*nom et prénoms du condamné*), vous êtes indigne de porter les armes ; au nom du peuple français, nous vous dégradons [1]. »

Aussitôt après, tous les insignes militaires et les décorations dont le condamné est revêtu sont

---

(1) « Si le jugement porte condamnation à la peine des travaux forcés, à celle de la déportation, de la détention, de la réclusion, du bannissement ou des travaux publics, l'exécution a lieu à la parade. Le corps auquel appartenait le condamné s'y trouve en entier ; il occupe la droite. Le condamné est amené par un détachement.

» Tout militaire condamné aux travaux forcés, à la déportation, à la détention, à la réclusion ou au bannissement est dégradé à la parade, après que la lecture de son jugement a été faite par le greffier. Le commandant des troupes réunies pour la parade prononce à haute voix la

enlevés; et, s'il est officier, son épée est brisée et jetée à terre devant lui.

La dégradation militaire entraîne :

1° La privation du grade et du droit d'en porter les insignes et l'uniforme;

2° L'incapacité absolue de servir dans l'armée, à quelque titre que ce soit, et les autres incapacités prononcées par les articles 28 et 34 du Code pénal ordinaire;

3° La privation du droit de porter aucune décoration et la déchéance de tout droit à pension et à récompense pour les services antérieurs.

191. La dégradation militaire, prononcée comme peine principale, est toujours accompagnée d'un emprisonnement dont la durée, fixée par le jugement, n'excède pas cinq années.

192. La destitution entraîne la privation du grade ou du rang, et du droit d'en porter les insignes distinctifs et l'uniforme.

L'officier destitué ne peut obtenir ni pension ni récompense à raison de ses services antérieurs.

---

formule de dégradation : « N* N* (*nom et prénoms du condamné*), vous êtes indigne de porter les armes; au nom du peuple français, nous vous dégradons. » Le plus ancien sous-officier du détachement qui a conduit le condamné lui enlève les insignes de grade et de décoration, s'il y a lieu, les épaulettes et tous les accessoires de l'uniforme qui sont des marques distinctives. Le condamné, conduit par un caporal ou brigadier et quatre soldats, passe ensuite devant le front des troupes qui sont au port d'armes. » (*Décret du 13 octobre* 1863, *art.* 155.)

193. Le condamné à la peine des travaux publics est conduit à la parade revêtu de l'habillement déterminé par les règlements.

Il y entend devant les troupes la lecture de son jugement.

Il est employé aux travaux d'utilité publique. Il ne peut, en aucun cas, être placé dans les mêmes ateliers que les condamnés aux travaux forcés.

La durée de la peine est de deux ans au moins et de dix ans au plus [1].

194. La durée de l'emprisonnement est de six jours au moins et de cinq ans au plus.

195. Lorsque les lois pénales prononcent la peine de l'amende, les tribunaux militaires peuvent remplacer cette peine par un emprisonnement de six jours à six mois.

196. Dans les cas prévus par les articles 76, 77, 78 et 79 du présent Code, le tribunal compétent applique aux militaires et aux individus assimilés aux militaires les peines prononcées par les lois militaires, aux individus appartenant à

---

[1] Tout militaire condamné aux travaux publics est conduit à la parade, revêtu de l'habillement des condamnés; il lui est donné, par le greffier, lecture du jugement, puis il passe devant le front des troupes qui sont au port d'armes.

Les condamnés sont remis à la gendarmerie immédiatement après l'exécution des dispositions ci-dessus. (*Décret du 13 octobre 1863.*) *V. note sous l'article 190.*

l'armée de mer, les peines prononcées par les lois maritimes, et à tous autres individus les peines prononcées par les lois ordinaires, à moins qu'il n'en soit autrement ordonné par une disposition expresse de la loi.

Les peines prononcées contre les militaires sont exécutées conformément aux dispositions du présent Code et à la diligence de l'autorité militaire.

197. Dans les mêmes cas, si les individus non militaires et non assimilés aux militaires sont déclarés coupables d'un crime ou d'un délit non prévu par les lois pénales ordinaires, ils sont condamnés aux peines portées par le présent Code contre ce crime ou ce délit.

Toutefois, les peines militaires sont remplacées à leur égard ainsi qu'il suit :

1°. La dégradation militaire prononcée comme peine principale, par la dégradation civique;

2° La destitution et les travaux publics, par un emprisonnement d'un an à cinq ans.

198. Lorsque des individus non militaires ou non assimilés aux militaires sont traduits devant un conseil de guerre, ce conseil peut leur faire application de l'article 463 du Code pénal ordinaire.

199. Les dispositions des articles 66, 67 et 69 du Code pénal ordinaire, concernant les individus âgés de moins de seize ans, sont observées par les tribunaux militaires.

S'il est décidé que l'accusé a agi avec discernement, les peines de la dégradation militaire, de
la destitution et des travaux publics sont remplacées par un emprisonnement d'un an à cinq ans
dans une maison de correction.

200. Les peines prononcées par les tribunaux
militaires commencent à courir, savoir :

Celle des travaux forcés, de la déportation, de
la détention, de la réclusion et du bannissement,
à partir du jour de la dégradation militaire;

Celle des travaux publics, à partir du jour de
la lecture du jugement devant les troupes.

Les autres peines comptent du jour où la condamnation est devenue irrévocable. Toutefois, si
le condamné à l'emprisonnement n'est pas détenu,
la peine court du jour où il est écroué.

201. Toute condamnation prononcée contre un
officier par quelque tribunal que ce soit, pour l'un
des délits prévus par les articles 401, 402, 403,
405, 406, 407 et 108 du Code pénal ordinaire,
entraîne la perte du grade [1].

---

[1] Les sous-officiers, caporaux ou brigadiers, condamnés à une peine
criminelle ou correctionnelle sont cassés de leur grade. Toutefois, si la
condamnation n'est que de trois mois ou au-dessous, le ministre peut,
sur la proposition du chef de corps, leur conserver le grade. (*Circ. minist.*, 16 *janvier* 1873.)

Les articles du Code pénal auxquels se réfère l'art. 201 ont trait au
vol, à la banqueroute et à la complicité de ce délit, à l'escroquerie et à
l'abus de confiance.

202. Les articles 2, 3, 59, 60, 61, 62, 63, 64 et 65 du Code pénal ordinaire, relatifs à la tentative de crime ou de délits, à la complicité et aux cas d'excuses, sont applicables devant les tribunaux militaires, sauf les dérogations prévues par le présent Code.

203. Les fonctionnaires, agents, employés militaires et autres assimilés aux militaires sont, pour l'application des peines, considérés comme officiers, sous-officiers ou soldats, suivant le grade auquel leur rang correspond.

TITRE II.

DES CRIMES, DES DÉLITS ET DE LEUR PUNITION.

CHAPITRE PREMIER.

Trahison, espionnage et embauchage.

204. Est puni de mort, avec dégradation militaire, tout militaire français ou au service de la France, qui porte les armes contre la France.

Est puni de mort, tout prisonnier de guerre qui, ayant faussé sa parole, est repris les armes à la main.

205. Est puni de mort, avec dégradation militaire, tout militaire :

1º Qui livre à l'ennemi, ou dans l'intérêt de l'ennemi, soit la troupe qu'il commande, soit la place qui lui est confiée, soit les approvisionnements de l'armée, soit les plans des places de guerre ou des arsenaux maritimes, des ports ou rades, soit le mot d'ordre ou le secret d'une opération, d'une expédition ou d'une négociation;

2º Qui entretient des intelligences avec l'ennemi dans le but de favoriser ses entreprises;

3º Qui participe à des complots dans le but de forcer le commandant d'une place assiégée à se rendre ou à capituler;

4º Qui provoque à la fuite ou empêche le ralliement en présence de l'ennemi.

206. Est considéré comme espion et puni de mort, avec dégradation militaire :

1º Tout militaire qui s'introduit dans une place de guerre, dans un poste ou établissement militaire, dans les travaux, camps, bivouacs ou cantonnements d'une armée, pour s'y procurer des documents ou renseignements dans l'intérêt de l'ennemi;

2º Tout militaire qui procure à l'ennemi des documents ou renseignements susceptibles de nuire aux opérations de l'armée ou de compromettre la sûreté des places, postes ou autres établissements militaires;

3º Tout militaire qui, sciemment, recèle ou fait

recéler les espions ou les ennemis envoyés à la
découverte.

207. Est puni de mort, tout ennemi qui s'introduit déguisé dans un des lieux désignés dans
l'article précédent [1].

208. Est considéré comme embaucheur et puni
de mort tout individu convaincu d'avoir provoqué
des militaires à passer à l'ennemi ou aux rebelles
armés, de leur en avoir sciemment facilité les
moyens, ou d'avoir fait des enrôlements pour une
puissance en guerre avec la France [2].

Si le coupable est militaire, il est en outre puni
de la dégradation militaire.

CHAPITRE II.

Crimes ou délits contre le devoir militaire.

209. Est puni de mort, avec dégradation militaire tout gouverneur ou commandant qui, mis
en jugement après *avis d'un conseil d'enquête*, est
reconnu coupable d'avoir capitulé avec l'ennemi
et rendu la place qui lui était confiée, sans avoir
épuisé tous les moyens de défense dont il disposait,

---

(1) Pour qu'il y ait culpabilité, il faut que le délinquant soit ennemi
et qu'il ait été déguisé.

(2) L'article 208 punit tout individu, militaire ou civil, qui se rend
coupable du crime d'embauchage, dans l'intérêt de l'ennemi ou de rebelles armés.

et sans avoir fait tout ce que prescrivaient le devoir et l'honneur [1].

210. Tout général, tout commandant d'une troupe armée qui capitule en rase campagne est puni :

1° De la peine de mort, avec dégradation militaire, si la capitulation a eu pour résultat de faire poser les armes à sa troupe, ou si, avant de traiter verbalement ou par écrit, il n'a pas fait tout ce que lui prescrivaient le devoir et l'honneur ;

2° De la destitution dans tous les autres cas [2].

211. Tout militaire qui, étant en faction ou en

---

(1) « Il n'y a rien d'absolu dans la défense d'une place de guerre ; les circonstances varient à l'infini ; ce que la loi veut atteindre quand elle prononce la peine capitale contre le gouverneur ou commandant qui a rendu la place qui lui était confiée, elle le dit ; et quand le conseil d'enquête, qu'elle appelle à donner son avis préalable, quand les conseils de guerre auront à prononcer, si tous les moyens de défense ont été épuisés, si le devoir a été rempli, si l'honneur a été sauf, il n'est pas à craindre que des militaires français hésitent sur le sens et la portée des mots *devoir* et *honneur*. » (*Rapport.*)

(2) « L'article 210 prévoit un fait plus grave que la reddition d'une place : *C'est la capitulation en rase campagne.* Les principes sont ici tout différents ; et si la raison, comme l'usage des nations, autorisent le commandant d'une place à capituler, les considérations les plus hautes se réunissent pour interdire cette faculté au commandant d'une troupe armée en rase campagne. »

. . . .

« *La capitulation en rase campagne sera donc toujours punie.* Le général eût-il fait tout ce que prescrivent le devoir et l'honneur dans le combat, il est encore coupable d'avoir traité avec l'ennemi après la lutte, et la loi prononce la destitution. » (*Rapport.*)

vedette, abandonne son poste sans avoir rempli sa consigne, est puni :

1° De la peine de mort, s'il était en présence de l'ennemi ou de rebelles armés ;

2° De deux ans à cinq ans de travaux publics, si, hors le cas prévu par le paragraphe précédent, il était sur un territoire en état de guerre ou en état de siége ;

3° D'un emprisonnement de deux mois à un an dans tous les autres cas.

212. Tout militaire qui, étant en faction ou en vedette, est trouvé endormi, est puni :

1° De deux ans à cinq ans de travaux publics, s'il était en présence de l'ennemi ou de rebelles armés ;

2° De six mois à un an d'emprisonnement, si, hors le cas prévu par le paragraphe précédent, il était sur un territoire en état de guerre ou en état de siége ;

3° De deux à six mois d'emprisonnement dans tous les autres cas.

213. Tout militaire qui abandonne son poste est puni [1] :

---

[1] Toute absence d'un poste non autorisée et non justifiée, constitue le délit prévu par cet article, et les juges ne doivent pas se préoccuper de rechercher si le coupable avait ou non l'intention de revenir. Le texte de la loi est trop clair et trop absolu pour qu'on puisse admettre que le retour plus ou moins prompt doive assurer l'impunité au coupable.

1° De la peine de mort, si l'abandon a eu lieu en présence de l'ennemi ou de rebelles armés;

2° De deux ans à cinq ans d'emprisonnement, si, hors le cas prévu par le paragraphe précédent, l'abandon a eu lieu sur un territoire en état de guerre ou en état de siége;

3° De deux mois à six mois d'emprisonnement dans tous les autres cas.

Si le coupable est chef de poste, le maximum de la peine lui est toujours infligé.

214. En temps de guerre, aux armées, ainsi que dans les communes et les départements en état de siége et les places de guerre assiégées ou investies, tout militaire qui ne se rend pas à son poste en cas d'alerte, ou lorsque la générale est

---

Toute interprétation contraire est inadmissible. (*L. minist.*, 12 *octobre* 1863.)

Toute absence d'un poste, non autorisée et non justifiée, quelle qu'en soit la durée, constitue, sans aucun doute, le délit prévu par l'article 213. (*Cir. minist.*, 1er *décembre* 1865.)

Le militaire qui quitte le corps-de-garde lorsqu'on va le relever et ne rentre au quartier que quelques minutes après l'arrivée du détachement, commet le délit d'abandon de poste. (*Lettre du général commandant la division de Constantine*, 1er *janvier* 1864.)

Le militaire qui s'absente, sans autorisation, de l'écurie où il est de garde, se rend coupable d'abandon de poste. L'article 213 n'a pu définir les *nombreux* cas de nature à constituer ce délit; mais d'après une jurisprudence constante, il suffit d'être préposé à l'exécution d'un ordre ou d'une consigne et obligé d'être présent, pour qu'il y ait infraction au devoir militaire et abandon du poste, si l'on s'absente sans autorisation. (*L. minist.*, 16 *décembre* 1872.)

battue, est puni de six mois à deux ans d'emprisonnement; s'il est officier, la peine est celle de la destitution.

215. Tout militaire qui, hors le cas d'excuse légitime, ne se rend pas au conseil de guerre où il est appelé à siéger, est puni d'un emprisonnement de deux mois à six mois.

En cas de refus, si le coupable est officier, il peut être puni de la destitution.

216. Les dispositions des articles 237, 238, 239, 240, 241, 242, 243, 247 et 248 du Code pénal ordinaire sont applicables aux militaires qui laissent évader des prisonniers de guerre ou d'autres individus arrêtés, détenus ou confiés à leur garde, ou qui favorisent ou procurent l'évasion de ces individus ou les recèlent ou les font recéler [1].

CHAPITRE III.

Révolte, insubordination et rébellion.

217. Sont considérés comme en état de révolte, et punis de mort :

---

[1] Le militaire puni disciplinairement ne peut être considéré comme détenu dans le sens de cet article. S'il s'évade en brisant les barreaux de la fenêtre, ou les vitres, ou bien la porte, il faudra avoir recours à l'article 456 du Code pénal qui réprime le bris de clôture et non à l'article 245, évasion avec bris de prison.

1° Les militaires sous les armes qui, réunis au nombre de quatre au moins et agissant de concert, refusent à la première sommation d'obéir aux ordres de leurs chefs;

2° Les militaires qui, au nombre de quatre au moins, prennent les armes sans autorisation et agissent contre les ordres de leurs chefs;

3° Les militaires qui, réunis au nombre de huit au moins, se livrent à des violences en faisant usage de leurs armes, et refusent, à la voix de leurs supérieurs, de se disperser ou de rentrer dans l'ordre.

Néanmoins, dans tous les cas prévus par le présent article, la peine de mort n'est infligée qu'aux instigateurs ou chefs de la révolte, et au militaire le plus élevé en grade. Les autres coupables sont punis de cinq ans à dix ans de travaux publics, ou, s'ils sont officiers, de la destitution, avec emprisonnement de deux à cinq ans.

Dans le cas prévu par le n° 3 du présent article, si les coupables se livrent à des violences sans faire usage de leurs armes, ils sont punis de cinq ans à dix ans de travaux publics, ou, s'ils sont officiers, de la destitution, avec emprisonnement de deux ans à cinq ans.

218. Est puni de mort avec dégradation militaire, tout militaire qui refuse d'obéir, lorsqu'il est commandé pour marcher contre l'ennemi, ou

pour tout autre service ordonné par son chef en présence de l'ennemi ou de rebelles armés.

Si, hors le cas prévu par le paragraphe précédent, la désobéissance a eu lieu sur un territoire en état de guerre ou de siége, la peine est de cinq ans à dix ans de travaux publics, ou, si le coupable est officier, de la destitution, avec emprisonnement de deux à cinq ans.

Dans tous les autres cas, la peine est celle de l'emprisonnement d'un an à deux ans, ou, si le coupable est officier, celle de la destitution [1].

219. Tout militaire qui viole ou force une consigne est puni :

1° De la peine de la détention, si la consigne a été violée ou forcée en présence de l'ennemi ou de rebelles armés ;

2° De deux ans à dix ans de travaux publics, ou, si le coupable est officier, de la destitution, avec emprisonnement de un an à cinq ans, quand,

---

[1] Le refus de se rendre à la salle de police ne constitue pas le refus d'obéissance prévu par l'article 218. Car l'injonction de se rendre à la salle de police n'est point un ordre de service dans le sens que la loi a entendu donner à ce mot ; on ne commande pas un homme pour aller à la salle de police, on lui prescrit de s'y rendre, et, au besoin, on l'y fait conduire de force, quand il a manqué à son devoir. (*L. minist. du 4 février* 1862. — *Décision du conseil de révision du 31 août* 1864.)

Mais le fait de l'homme appointé de parade, de garde d'écurie, ou de toute autre mesure du même genre, qui refuse de s'y soumettre, constitue le refus d'obéissance. (*L. minist.,* 30 *décembre* 1863.)

Voir note sous l'article 223.

hors le cas prévu par le paragraphe précédent, le fait a eu lieu sur un territoire en état de guerre ou de siége;

3° D'un emprisonnement de deux mois à trois ans dans tous les autres cas.

220. Est puni de mort, tout militaire coupable de violence à main armée envers une sentinelle ou vedette.

Si les violences n'ont pas eu lieu à main armée et ont été commises par un militaire assisté d'une ou plusieurs personnes, la peine est de cinq ans à dix ans de travaux publics. Si, parmi les coupables, il se trouve un officier, il est puni de la destitution, avec emprisonnement de deux ans à cinq ans.

La peine est réduite à un emprisonnement d'un an à cinq ans, si les violences ont été commises par un militaire seul et sans armes.

Est puni de six jours à un an d'emprisonnement, tout militaire qui insulte une sentinelle par paroles, gestes ou menaces.

221. Est punie de mort, avec dégradation militaire, toute voie de fait commise avec préméditation ou guet-apens par un militaire envers son supérieur [1].

222. Est punie de mort, toute voie de fait com-

---

(1) V. les articles 297 et 298 du Code pénal, qui définissent la préméditation et le guet-apens.

mise sous les armes par un militaire envers son supérieur.

223. Les voies de fait exercées, pendant le service ou à l'occasion du service, par un militaire envers son supérieur, sont punies de mort [1]

---

[1] Un brigadier est toujours le supérieur d'un simple soldat, quand bien même il serait considéré comme agent de la force publique, et s'il venait à être frappé par un simple soldat, ce ne serait plus une rébellion, mais une voie de fait commise par son subordonné (*L. minist.*, 5 *déc.* 1865.)

Un simple soldat remplissant les fonctions de caporal, soit dans la chambrée, soit dans un poste, a sur le simple soldat la même autorité que s'il avait les insignes de ce grade. En conséquence, les voies de fait exercées par un militaire à son égard doivent être réputées avoir été commises envers un supérieur, surtout si les accusés n'ignorent pas que le fonctionnaire caporal a été investi de l'autorité afférente à ce grade. (*L. minist.*, 31 *mars* 1849 et 22 *août* 1861.)

Les brigadiers ou caporaux fourriers sont les supérieurs des brigadiers ou caporaux. Ces derniers en refusant d'obéir ou en commettant des actes de violence ou d'insultes envers les premiers sont passibles des peines édictées par les articles 218, 221 et suivants du Code militaire. (*L. minist.*, 13 *décembre* 1865.)

Un brigadier de gendarmerie, dans l'exercice de ses fonctions, conserve son caractère de supérieur vis-à-vis des militaires d'un grade inférieur au sien. (*L. minist.*, 18 *mai* 1865.)

La lettre ministérielle du 5 janvier 1880, rappelée sous l'article 224, vient fixer la jurisprudence, incertaine jusqu'ici, sur le point de savoir dans quels cas les voies de fait ou les outrages doivent être considérés comme ayant eu lieu *dans le service*. D'après cette décision, il ne suffirait pas, ainsi que l'avaient admis plusieurs conseils de guerre, que le supérieur exécutât une prescription des règlements militaires. Il faut, pour constituer la circonstance aggravante de service, que le supérieur — ou le coupable — soit commis à l'exécution d'un ordre de service dont les six tours indiqués au service des places sont :

1° Détachements — escortes — gardes des postes extérieurs; 2° Gardes de la place — gardes de police — plantons et ordonnances; 3° Gardes d'honneur; 4° Rondes; 5° Travaux et corvées; 6° Détachements en mer.

Si les voies de fait n'ont pas eu lieu pendant le service ou à l'occasion du service, le coupable est puni de la destitution, avec emprisonnement de deux ans à cinq ans s'il est officier, et de cinq ans à dix ans de travaux publics, s'il est sous-officier, caporal, brigadier ou soldat.

224. Tout militaire qui, pendant le service ou à l'occasion du service, outrage son supérieur par paroles, gestes ou menaces, est puni de la destitution, avec emprisonnement d'un an à cinq ans si ce militaire est officier, et de cinq ans à dix ans de travaux publics s'il est sous-officier, caporal, brigadier ou soldat.

Si les outrages n'ont pas eu lieu pendant le service ou à l'occasion du service, la peine est de un an à cinq ans d'emprisonnement [1].

225. Tout militaire coupable de rébellion envers la force armée et les agents de l'autorité est puni

---

[1] Les expressions : *je vous emm.....!* constituent un outrage dans le sens de cet article. (*Cass.*, 17 *mars* 1850.)

Il en est de même des gestes indécents qui sont le signe du mépris de l'autorité du supérieur.

Les annotations sous l'article 223 *sont aussi relatives à l'article* 224.

L'injure adressée par un prévenu à un témoin gradé, son supérieur, tombe sous le coup de l'article 224. En effet, l'officier cité comme témoin devant un conseil de guerre ne dépouille pas sa qualité d'officier en entrant dans la salle d'audience; par suite, le prévenu qui l'insulte commet le délit d'outrage *en dehors du service*, attendu qu'on ne saurait assimiler la citation d'un témoin à un ordre de service.

Si, au contraire, l'injure est adressée aux membres du conseil, elle constitue l'outrage pendant le service, attendu que c'est en vertu d'un

de deux mois à six mois d'emprisonnement, et de six mois à deux ans de la même peine si la rébellion a eu lieu avec armes [1].

Si la rébellion a été commise par plus de deux militaires, sans armes, les coupables sont punis de deux ans à cinq ans d'emprisonnement, et de la réclusion si la rébellion a eu lieu avec armes.

Toute rébellion commise par des militaires armés au nombre de huit au moins est punie conformément aux paragraphes 3 et 5 de l'article 217 du présent Code [2].

Le maximum de la peine est toujours infligé aux instigateurs ou chefs de rébellion et au militaire le plus élevé en grade [3].

---

ordre de service qu'ils ont été convoqués pour rendre la justice. (**L. minist.**, 5 *janvier* 1880.)

Pour tomber sous l'application du présent article, il faut que l'outrage ait eu lieu en présence du supérieur. (**L. minist.**, 28 *décembre* 1861.)

Le fait de cracher à la figure ne peut être assimilé à l'action de frapper. Ce fait constitue un outrage. (*Cass.*, 29 *mars* 1845 — 5 *janvier* 1855.)

(1) Le militaire qui oppose de la résistance à son supérieur qui veut s'assurer de son identité afin de constater un manquement à la discipline se rend coupable de rébellion. (*Cass.*, 27 *décembre* 1851.)

(2) La réunion est réputée armée si elle lance des pierres. (*Cass.*, 9 *avril* 1812; — 20 *octobre* 1831.)

(3) Pour constituer une rébellion, il faut que la résistance ait été accompagnée de violence ou voies de fait. (*Cass.*, 2 *juillet* 1835.)

Il n'est pas nécessaire, pour qu'il y ait rébellion, que des coups aient été portés. Ce délit peut résulter de tout acte de violence dont le but serait d'empêcher l'agent de l'autorité d'accomplir la mission dont il est chargé. (*Cass.*, 3 *avril* 1847; — 30 *août* 1849.)

Ainsi, il y a rébellion de la part de celui qui met en joue avec un fusil

CHAPITRE IV.

Abus d'autorité.

226. Est puni de mort tout chef militaire qui, sans provocation, ordre ou autorisation, dirige ou fait diriger une attaque à main armée contre des troupes ou des sujets quelconques d'une puissance alliée ou neutre.

Est puni de la destitution tout chef militaire qui, sans provocation, ordre ou autorisation, commet un acte d'hostilité quelconque sur un territoire allié ou neutre.

227. Est puni de mort tout chef militaire qui prolonge les hostilités après avoir reçu l'avis officiel de la paix, d'une trève ou d'un armistice.

228. Est puni de mort tout militaire qui prend un commandement sans ordre ou motif légitime, ou qui le retient contre l'ordre de ses chefs.

229. Est puni d'un emprisonnement de deux

---

un gendarme, en menaçant de faire feu. (*Cass.*, 24 *octobre* 1806; — 16 *mai* 1817.)

Ou qui s'arme d'un fusil et le couche en joue. (*Cass.*, 30 *août* 1849.)

Il y a rébellion de la part de celui qui oppose une résistance opiniâtre aux gendarmes en se jetant sur eux, les prenant au collet et cherchant à les désarmer. (*Cass.*, 19 *décembre* 1806.)

Le militaire qui se rend coupable de rébellion envers la force armée en compagnie de deux individus non militaires est justiciable des tribunaux ordinaires et passible des peines portées en l'article 211 C. P. et non pas en l'article 225 du Code militaire. (*Cass.*, 15 *mai* 1858.)

mois à cinq ans tout militaire qui frappe son inférieur hors les cas de la légitime défense de soi-même ou d'autrui, ou du ralliement des fuyards, ou de la nécessité d'arrêter le pillage ou la dévastation [1].

CHAPITRE V.

Insoumission et désertion.

SECTION PREMIÈRE.

Insoumission.

230. Sont considérés comme insoumis et punis d'un emprisonnement d'un mois à un an les engagés volontaires et les hommes appelés par la loi qui, n'ayant pas déjà servi, ne sont pas rendus à leur destination, hors le cas de force majeure, dans le mois qui suit le jour fixé par leur ordre de route.

Sont également considérés comme insoumis et punis de la même peine les hommes de la disponibilité et de la réserve de l'armée active, de l'armée territoriale et de la réserve de cette armée, à quelque catégorie qu'ils appartiennent, qui,

---

(1) Si cependant les voies de fait avaient occasionné une incapacité de travail personnel de plus de 20 jours, ou entraîné la mort, il y aurait lieu de recourir au Code pénal ordinaire pour y puiser la répression que comporterait la nature du crime.

ayant déjà servi, et étant appelés à l'activité par
ordre individuel, ne sont pas rendus à leur destination, hors le cas de force majeure, dans les
quinze jours qui suivent celui fixé par leur ordre
de route.

Les délais ci-dessus déterminés sont portés :
1° à deux mois pour les hommes demeurant en
Algérie et en Europe ; 2° à six mois pour ceux
demeurant en tout autre pays.

En temps de guerre ou en cas de mobilisation
par voie d'affiches et de publications sur la voie
publique, les délais ci-dessus sont réduits à deux
jours pour les hommes dont il est parlé aux 1er
et 2e paragraphes du présent article, et diminués
de moitié pour ceux que le 3e paragraphe con -
cerne [1].

En temps de guerre, la peine est de deux ans à
cinq ans d'emprisonnement, sans préjudice des
dispositions spéciales édictées par l'article 61 de
la loi du 27 juillet 1872 [2].

Conformément au dernier paragraphe de l'article 68 de cette même loi, les peines prononcées

---

[1] Les expressions en temps de guerre doivent être considérées
comme étant l'époque où la France est en guerre avec une puissance
étrangère, que le théâtre de la guerre soit hors ou sur le territoire
français. (*L. minist.*, 26 mai 1871.)

[2] L'article 61 dispose qu'en temps de guerre, les noms des insoumis
sont affichés dans toutes les communes du canton de leur domicile, ils
restent affichés pendant toute la durée de la guerre.

par le présent article pourront être modifiées par
l'application de l'article 463 du Code pénal.

SECTION II.

Désertion à l'intérieur.

231. Est considéré comme déserteur à l'intérieur :

1° Six jours après celui de l'absence constatée,
tout sous-officier, caporal, brigadier ou soldat qui
s'absente de son corps ou détachement sans autorisation : néanmoins, si le soldat n'a pas trois
mois de service, il ne peut être considéré comme
déserteur qu'après un mois d'absence [1].

2° Tout sous-officier, caporal, brigadier ou soldat voyageant isolément d'un corps à un autre,
ou dont le congé ou la permission est expiré [2],
et qui, dans les quinze jours qui suivent celui

---

(1) Un réserviste retenu, après les vingt-huit jours de service pour
lesquels il aurait été convoqué, n'est pas déserteur s'il s'évade d'une
prison où il subit une punition disciplinaire. (*L. minist.*, 14 *octobre* 1878.)

L'arrivée au port d'embarquement constitue la rentrée au corps. (*Art.*
13 *et* 69, *ordonnance du* 25 *décembre* 1837.)

(2) L'article 25 de la loi du 13 mars 1875 dispose que les militaires du
génie mis à la disposition des compagnies de chemins de fer sont considérés comme étant en congé pendant le temps qu'ils passeront dans ces
compagnies. Par suite, lorsqu'ils viennent à quitter ce service, pour une
cause quelconque, et qu'ils n'ont pas rejoint leur corps dans les délais
légaux, ils sont déclarés déserteurs après les quinze jours de grâce accordés aux hommes en congé : ce délai de grâce court du jour de la ces-

qui a été fixé pour son retour ou son arrivée au corps, ne s'y est pas présenté [1].

232. Tout sous-officier, caporal, brigadier ou soldat coupable de désertion à l'intérieur en temps de paix est puni de deux ans à cinq ans d'emprisonnement, et de deux ans à cinq ans de travaux publics si la désertion a eu lieu en temps de guerre ou d'un territoire en état de guerre ou de siége.

La peine ne peut être moindre de trois ans

---

sation du service ou de l'absence non autorisée du service. (*L. minist.*, 26 *septembre* 1876.)

Toute permission délivrée par le colonel, le général de brigade ou le général de division, pour s'absenter de la garnison, *constitue une véritable permission*. Elle fait opérer mutation sur les états de comptabilité, c'est-à-dire qu'elle entraîne pour l'officier, le sous-officier ou le soldat, le retrait d'une partie ou de la totalité de la solde, d'où il suit qu'elle est régulièrement constatée. C'est à ces militaires que la loi a entendu accorder des délais de grâce plus longs. (*Circ. minist.*)

[1] Le rapport en désertion est établi au corps après la rentrée du déserteur. (*Circ. minist.*, 16 *février* 1847.)

V. article 95 pour les pièces à joindre à la plainte en désertion.

Lorsqu'un homme disparaîtra après avoir commis un vol, ou tout autre crime ou délit, on devra pour ce crime ou délit le mettre immédiatement en jugement par contumace, ou par défaut, et le signaler en outre comme déserteur. On aura soin, lors des poursuites judiciaires, de ne pas s'occuper de la désertion, qui ne peut être jugée que contradictoirement. (*Journal militaire. — 1er semestre* 1847.)

Un militaire ne peut être jugé pour désertion que s'il s'absente illégalement après qu'il a été immatriculé. (*Circ. minist.*, 22 *décembre* 1870.)

V. Note, dernier paragraphe, sous l'article 235.

d'emprisonnement ou de travaux publics, suivant les cas, dans les circonstances suivantes :

1° Si le coupable a emporté une de ses armes, un objet d'équipement ou d'habillement, ou s'il a emmené son cheval ;

2° S'il a déserté étant de service, sauf les cas prévus par les articles 211 et 213 du présent Code ;

3° S'il a déserté antérieurement.

233. Est puni de six mois à un an d'emprisonnement tout officier *absent de son corps ou de son poste* sans autorisation depuis plus de six jours, ou qui ne s'y présente pas quinze jours après l'expiration de son congé ou de sa permission, sans préjudice de l'application, s'il y a lieu, des dispositions de l'article 1er de la loi du 19 mai 1834, sur l'état des officiers [1].

Tout officier qui abandonne son corps ou son poste sur un territoire en état de guerre ou de siége est déclaré déserteur après les délais déterminés par le paragraphe précédent, et puni de la

---

[1] *Loi du 19 mai 1834, art.* 1er. Indépendamment des cas prévus par les autres lois en vigueur, la destitution sera prononcée pour les causes ci-après déterminées :

1° A l'égard de l'officier en activité pour l'absence illégale de son corps, après trois mois ; 2° à l'égard de l'officier en activité, en disponibilité ou en non activité, pour résidence hors du royaume sans l'autorisation du roi, après quinze jours d'absence.

destitution, avec emprisonnement de deux ans à cinq ans [1].

234. En temps de guerre, tous les délais fixés par les articles 231 et 233 précédents sont réduits des deux tiers.

SECTION III.

Désertion à l'étranger.

235. Est déclaré déserteur à l'étranger, en temps de paix, trois jours et, en temps de guerre, un jour après celui de l'absence constatée, tout militaire qui franchit sans autorisation les limites

---

[1] « L'article 233, en appliquant à l'officier la peine de la prison pour *absence de son corps* sans autorisation a bien pu, par respect de la loi du 19 mai 1834, ne pas prononcer le nom de *désertion,* lorsque le fait s'accomplissait à l'intérieur et pendant l'état de paix; mais, dans tous les autres cas, soit de guerre, soit de siége, soit devant l'ennemi, on n'hésite pas à déclarer l'officier *déserteur,* et à lui appliquer, de même qu'à tout autre militaire, les peines les plus graves, jusqu'à la mort avec dégradation. » (*Exposé des motifs.*)

Lorsque l'officier en absence illégale est en même temps inculpé d'un crime ou d'un délit, il y a lieu de suivre deux procédures distinctes : l'une relative au fait d'absence illégale et tendant à prononcer par défaut, la destitution édictée par l'article 1er de la loi du 19 mai 1834; l'autre, postérieure à la précédente, pour le crime ou le délit; l'officier destitué sera alors condamné par contumace ou par défaut. De cette manière, le premier jugement, prononçant la destitution par défaut pourra recevoir son exécution, s'il n'est pas formé opposition dans les délais légaux, sans attendre les conséquences du second jugement. (*L. minist., 16 mars 1874.*)

du territoire français, ou qui, hors de France, abandonne le corps auquel il appartient [1].

236. Tout sous-officier, caporal, brigadier ou soldat, coupable de désertion à l'étranger, est puni de deux ans à cinq ans de travaux publics, si la désertion a eu lieu en temps de paix.

---

[1] Si le militaire, après avoir franchi, sans autorisation, les limites du territoire français, était postérieurement arrêté en France, le délit de désertion à l'étranger n'en serait pas moins constant, parce que son retour, volontaire ou forcé, sur les terres françaises ne saurait enlever sa portée légale au fait d'avoir franchi sans autorisation les limites du territoire. (*Comm.* V. Foucher, p. 758.)

Aussitôt qu'un chef de corps ou commandant de détachement reconnaît qu'un sous-officier, caporal, brigadier ou soldat, est absent illégalement, il en avertit les autorités, soit militaires, soit civiles, du lieu de la garnison. Il prend d'ailleurs toutes les mesures qu'il juge convenables pour amener l'arrestation du militaire absent.

. . . .

Lorsque les délais de grâce sont expirés, le chef de corps adresse immédiatement au ministre de la guerre un signalement portant le nom du déserteur. — Il fait le même envoi au préfet du département ou des différents départements, où l'homme est né, où il était domicilié, et où ses parents avaient leur domicile avant son entrée au service, ainsi qu'au colonel de la légion ou des légions de gendarmerie dans la circonscription desquelles se trouvent ces départements. (*Instruction du 16 février 1847.*)

Le dire du prévenu ne suffit pas pour établir la désertion à l'étranger, laquelle doit être constatée par une pièce officielle émanant d'une autorité quelconque établie en pays étranger, ou par le procès-verbal du gendarme qui a opéré l'arrestation à la frontière, ou encore par missive adressée à l'étranger et portant timbre d'arrivée de la poste.

En acceptant le dire du déserteur on risquerait de lui créer un alibi, dans le cas où il aurait commis un crime ou un délit sur le territoire français pendant sa désertion, en constatant juridiquement, par la déclaration de culpabilité, sa présence à l'étranger au moment de la perpétration du crime ou délit.

Il est puni de cinq ans à dix ans de la même peine, si la désertion a eu lieu en temps de guerre, ou d'un territoire en état de guerre ou de siége.

La peine ne peut être moindre de trois ans de travaux publics dans le cas prévu par le paragraphe 1er et de sept ans dans le cas du paragraphe 2, dans les circonstances suivantes :

1° Si le coupable a emporté une de ses armes, un objet d'habillement ou d'équipement, ou s'il a emmené son cheval ;

2° S'il a déserté étant de service, sauf les cas prévus par les articles 211 et 213 ;

3° S'il a déserté antérieurement.

237. Tout officier coupable de désertion à l'étranger est puni de la destitution, avec emprisonnement d'un an à cinq ans, si la désertion a eu lieu en temps de paix, et de la détention si la désertion a eu lieu en temps de guerre ou d'un territoire en état de guerre ou de siége.

SECTION IV.

Désertion à l'ennemi ou en présence de l'ennemi.

238. Est puni de mort, avec dégradation militaire, tout militaire coupable de désertion à l'ennemi.

239. Est puni de la détention tout déserteur en présence de l'ennemi.

SECTION V.

Dispositions communes aux sections précédentes.

240. Est réputée désertion avec complot toute désertion effectuée de concert par plus de deux militaires.

241. Est puni de mort :

1° Le coupable de désertion avec complot en présence de l'ennemi ;

2° Le chef du complot de désertion à l'étranger.

Le chef du complot de désertion à l'intérieur est puni de cinq ans à dix ans de travaux publics, s'il est sous-officier, caporal, brigadier ou soldat, et de la détention s'il est officier.

Dans tous les autres cas, le coupable de désertion avec complot est puni du maximum de la peine portée par les dispositions des sections précédentes, suivant la nature et les circonstances du crime ou du délit.

242. Tout militaire qui provoque ou favorise la désertion est puni de la peine encourue par le déserteur selon les distinctions établies au présent chapitre.

Tout individu non militaire ou non assimilé aux militaires qui, sans être embaucheur pour l'ennemi ou pour les rebelles, provoque ou favorise la désertion, est puni par le tribunal compétent d'un emprisonnement de deux mois à cinq ans.

243. Si un militaire reconnu coupable de désertion est condamné par le même jugement pour un fait entraînant une peine plus grave, cette peine ne peut être réduite par l'admission de circonstances atténuantes.

CHAPITRE VI.

Vente, détournements, mise en gage et recel des effets militaires.

244. Est puni d'un an à cinq ans d'emprisonnement tout militaire qui vend son cheval, ses effets d'armement, d'équipement ou d'habillement, des munitions, ou tout autre objet à lui confié pour le service [1].

---

[1] La vente qui n'est autrement prouvée que par le dire du prévenu doit être poursuivie et punie comme dissipation, article 245. (*L. minist.*, 9 *janvier* 1862.)

Les effets de couchage loués par la compagnie des lits militaires sont assimilés à ceux appartenant à l'État. (*L. minist.*, 7 *octobre* 1864.)

Les effets d'habillement et de grand équipement des zouaves étant achetés au compte de leur masse individuelle, leur vente est considérée comme vente d'effets de petit équipement. (*Dépêche du maréchal Randon, gouverneur général de l'Algérie, du* 18 *avril* 1853.)

Le pantalon d'infanterie, après une durée d'un an, et lorsque la réforme est prononcée, devient effet de petit équipement.

Le pantalon de cavalerie ne peut être considéré comme effet de petit équipement que lorsqu'il a parcouru quinze mois au titre de première

Est puni de la même peine tout militaire qui sciemment achète ou recèle lesdits effets.

La peine est de six mois à un an d'emprisonnement, s'il s'agit d'effets de petit équipement.

245. Est puni de six mois à deux ans d'emprisonnement tout militaire :

1° Qui dissipe ou détourne les armes, munitions, effets et autres objets à lui remis pour le service;

2° Qui, acquitté du fait de désertion, ne représente pas le cheval qu'il aurait emmené, ou les armes ou effets qu'il aurait emportés.

246. Est puni de six mois à un an d'emprisonnement tout militaire qui met en gage tout ou partie de ses effets d'armement, de grand équipement, d'habillement ou tout autre objet à lui confié pour le service.

La peine est de deux mois à six mois d'emprisonnement, s'il s'agit d'effets de petit équipement.

247. *Tout individu* qui achète, recèle ou reçoit

---

tenue et quinze mois au titre de deuxième tenue, et lorsqu'il sert pour la troisième tenue. (*Déc. minist. du 13 septembre* 1875.)

Le délit de vente d'effets n'existe que si les effets ne se trouvent plus entre les mains du militaire prévenu de les avoir vendus. Sans cette condition, la culpabilité du délinquant ne saurait être dûment établie. Ce qui intéresse surtout l'État, c'est la représentation des effets qui ont disparu, à moins qu'on ait employé pour les rapporter des manœuvres répréhensibles. (*L. minist.,* 28 juin 1870.)

en gage des armes, munitions, effets d'habillement, de grand ou petit équipement, ou tout
autre objet militaire, dans des cas autres que
ceux où les règlements autorisent leur mise en
vente, est puni par le tribunal compétent de la
même peine que l'auteur du délit.

CHAPITRE VII.

Vol.

248. Le vol des armes et des munitions [1] appartenant à l'État, celui de l'argent de l'ordinaire,
de la solde, des deniers ou effets quelconques
appartenant à des militaires ou à l'État, commis
par des militaires qui en sont comptables, est
puni des travaux forcés à temps [2].

---

(1) L'expression *munitions* est un terme générique qui, dans son ac-
ception non limitée, comprend non-seulement les munitions de guerre,
mais encore les fourrages, grains et vivres de toute espèce nécessaires à
la subsistance de l'armée et appartenant à l'État. (*Cass., 19 janvier* 1856.)

(2) L'argent dérobé par un infirmier militaire à un homme décédé à
l'hôpital est considéré comme un vol militaire. (*L. minist., 5 décembre*
1857.)

Le vol commis par un militaire au préjudice de la femme d'un officier
dont il est l'ordonnance et au domicile de cet officier, est puni par l'art.
248. En effet, quand même l'objet dérobé n'est pas à l'usage de l'officier,
on n'en doit pas moins considérer le vol comme commis au préjudice de
ce dernier, en tant que chef de la communauté existant entre lui et sa
femme. L'ordonnance n'a, d'ailleurs, accès dans le domicile, qu'en rai-

Si le coupable n'en est pas comptable, la peine est celle de la réclusion.

S'il existe des circonstances atténuantes, la peine est celle de la réclusion ou d'un emprisonnement de trois ans à cinq ans, dans le cas du premier paragraphe et celle d'un emprisonnement d'un an à cinq ans, dans le cas du deuxième paragraphe.

En cas de condamnation à l'emprisonnement, l'officier coupable est, en outre, puni de la destitution.

Est puni de la peine de la réclusion, et, en cas de circonstances atténuantes, d'un emprisonnement d'un an à cinq ans, tout militaire qui commet un vol au préjudice de l'habitant chez lequel il est logé [1].

---

son du service qu'il accomplit auprès de l'officier. (*L. minist.*, 17 *février* 1869.)

Le vol de pain de munition constitue le vol militaire prévu par l'art. 248. (*Cass.*, 4 *octobre* 1845.) Il en est de même pour le vol du foin et de 'avoine.

Le vol de crins sur un cheval constitue le vol militaire et non un simple délit prévu et puni par le Code pénal ordinaire. (*Cass.*, 28 *mai* 1852.)

Tout vol de literie commis dans une caserne tombe sous l'application de l'art. 248; mais si ce vol a eu lieu dans les magasins de la compagnie qui a traité avec l'État, et, avant que les effets n'aient été distribués à la troupe, il faut appliquer la loi commune.

(1) Le vol commis par un militaire au préjudice de l'habitant chez lequel est logé son cheval, lorsque lui-même est logé ailleurs, est considéré comme vol commis chez l'hôte et puni par l'article 248. — En effet, la nécessité de laisser pénétrer le soldat dans l'intérieur de l'habitation, pour

Les dispositions du Code pénal ordinaire sont applicables aux vols prévus par les paragraphes précédents, toutes les fois qu'en raison des cir-constances, les peines qui y sont portées sont plus fortes que les peines prescrites par le présent Code.

249. Est puni de la réclusion tout militaire qui dépouille un blessé.

Le coupable est puni de mort si, pour dépouil-ler un blessé, il lui fait de nouvelles blessures.

---

y soigner son cheval, lui donne la facilité d'y commettre des vols et oblige, par conséquent, à sauvegarder les intérêts des habitants d'une manière exceptionnelle. (*L. minist.*, *24 novembre* 1857.)

Le vol commis par un soldat ordonnance au préjudice d'un habitant dans la maison duquel son officier est logé, par un billet de logement, ne rentre pas dans les prévisions de l'article 248. (*L. minist.*, *11 juillet* 1862.)

Le vol commis au préjudice de l'aubergiste chez lequel est logé le mili-taire conduit par un habitant qui devait le recevoir par billet de loge-ment, ne tombe pas sous l'application de l'article 248. En effet, si le légis-lateur a attaché une peine grave au vol commis par un militaire chez son hôte, c'est qu'il a voulu garantir, autant que possible, les habitants contre la mauvaise conduite des militaires qu'ils sont *obligés* de recevoir. Cette garantie ne peut s'étendre aux aubergistes qui trouvent profit à loger des militaires moyennant une rétribution de la part des habitants. C'est volontairement, et par suite de leur industrie, qu'ils les admettent dans leur maison et les militaires y sont sur le même pied que les autres voyageurs. (*L. minist.*, *20 décembre* 1859.)

CHAPITRE VIII.

Pillage, destruction, dévastation d'édifices.

250. Est puni de-mort, avec dégradation militaire, tout pillage ou dégât de denrées, marchandises ou effets, commis par des militaires en
bande, soit avec armes ou à force ouverte, soit
avec bris de portes et clôtures extérieures, soit-
avec violence envers les personnes.

Le pillage en bande est puni de la réclusion
dans tous les autres cas.

Néanmoins, si, dans les cas prévus par le premier paragraphe, il existe parmi les coupables
un ou plusieurs instigateurs, un ou plusieurs
militaires pourvus de grades, la peine de mort
n'est infligée qu'aux instigateurs et aux militaires
les plus élevés en grades. Les autres coupables
sont punis de la peine des travaux forcés à
temps.

S'il existe des circonstances atténuantes, la
peine de mort est réduite à celle des travaux forcés à temps, la peine des travaux forcés à temps
à celle de la réclusion, et la peine de la réclusion
à celle d'un emprisonnement d'un an à cinq ans.

En cas de condamnation à l'emprisonnement,
l'officier coupable est, en outre, puni de la destitution.

251. Est puni de mort, avec dégradation militaire tout militaire qui, volontairement, incendie, par un moyen quelconque, ou détruit par l'explosion d'une mine, des édifices, bâtiments, ouvrages militaires, magasins, chantiers, vaisseaux, navires ou bateaux à l'usage de l'armée.

S'il existe des circonstances atténuantes, la peine est celle des travaux forcés à temps.

252. Est puni des travaux forcés à temps tout militaire qui, volontairement, détruit ou dévaste, par d'autres moyens que l'incendie ou l'explosion d'une mine, des édifices, bâtiments, ouvrages militaires, magasins, chantiers, vaisseaux, navires ou bateaux à l'usage de l'armée.

S'il existe des circonstances atténuantes, la peine est celle de la réclusion, ou même de deux ans à cinq ans d'emprisonnement, et, en outre, de la destitution, si le coupable est officier [1].

253. Est puni de mort, avec dégradation militaire, tout militaire qui, dans un but coupable, détruit ou fait détruire, en présence de l'ennemi,

---

[1] La dégradation d'une salle de discipline ne peut être assimilée à la destruction des bâtiments à l'usage de l'armée. Cette sorte de dégradation qui a simplement le caractère d'un délit, doit être réprimée suivant les dispositions soit de l'article 456 du Code pénal, quand il s'agit de bris volontaire de clôtures, telles que châssis, fenêtres, portes, — soit de l'article 257 du même Code, si les dégradations ont été commises sur une autre partie du bâtiment. (*L. minist.*, 10 *novembre* 1859 — 17 *février* 1860.)

des moyens de défense, tout ou partie d'un matériel de guerre, des approvisionnements en armes,
vivres, munitions, effets de campement, d'équipement ou d'habillement.

La peine est celle de la détention, si le crime
n'a pas eu lieu en présence de l'ennemi.

254. Est puni de deux·ans à cinq ans de travaux
publics tout militaire qui, volontairement, détruit
ou brise des armes, des effets de campement, de
casernement, d'équipement ou d'habillement appartenant à l'État, soit que ces objets lui eussent
été confiés pour le service, soit qu'ils fussent à
l'usage d'autres militaires, ou qui estropie ou tue
un cheval ou une bête de trait ou de somme employée au service de l'armée [1].

Si le coupable est officier, la peine est celle de
la destitution ou d'un emprisonnement de deux
ans à cinq ans.

S'il existe des circonstances atténuantes, la

---

[1] Le bris volontaire de portes, fenêtres, châssis, carreaux de
vitre d'une caserne ou d'une salle de discipline, est puni par l'article 456
du Code pénal. (*Arrêts de cassation*. — *L. minist.*, 7 *mai* 1842 *et autres.*)

La destruction des effets est punissable aussi bien quand elle est complète que lorsqu'elle est partielle. Si quelque distinction peut être établie,
c'est uniquement dans la durée de la peine prononcée. En effet, ce que la
loi a voulu punir avant tout, c'est l'esprit d'indiscipline qui pousse un
militaire à mettre, même momentanément, hors de service les divers
effets nécessaires à son habillement, à son armement, etc..., ou à celui
de ses camarades. (*L. minist.*, 23 *juillet* 1859-24 *août* 1874.)

La destruction des effets de petit équipement est punie par l'article 254

peine est réduite à un emprisonnement de deux mois à cinq ans.

255. Est puni de la réclusion tout militaire qui, volontairement, détruit, brûle ou lacère des registres, minutes ou actes originaux de l'autorité militaire.

S'il existe des circonstances atténuantes, la peine est celle d'un emprisonnement de deux ans à cinq ans, et, en outre, de la destitution, si le coupable est officier.

256. Tout militaire coupable de meurtre sur l'habitant chez lequel il reçoit le logement, sur sa femme ou sur ses enfants, est puni de mort.

CHAPITRE IX.

Faux en matière d'administration militaire.

257. Est puni des travaux forcés à temps tout militaire, tout administrateur ou comptable mili-

---

comme celle des effets de grand équipement. (*L. minist.*, 27 *août* 1861.)

La lacération est punissable quelle que soit la nature des effets, pourvu qu'ils soient confiés ou remis pour le service. (*L. minist.*, 11 *août* 1862.)

Au point de vue de la pénalité à encourir pour la destruction, les effets d'hôpital sont assimilés aux autres effets militaires. (*L. minist.*, 18 *mai* 1866.)

Les effets de couchage loués par la compagnie des lits militaires sont assimilés aux effets appartenant à l'État. (*L. minist.*, 7 *octobre* 1864.)

taire qui porte sciemment sur les rôles, les états
de situation ou de revue, un nombre d'hommes,
de chevaux ou de journées de présence au delà de
l'effectif réel, qui exagère le montant des consom-
mations, ou commet tout autre faux dans ses
comptes [1].

S'il existe des circonstances atténuantes, la
peine est la réclusion ou un emprisonnement de
deux ans à cinq ans.

En cas de condamnation, l'officier coupable est,
en outre, puni de la destitution.

258. Est puni d'un an à cinq ans d'emprisonnement tout militaire, tout administrateur ou

---

[1] Le fait par des militaires employés en qualité de secrétaires dans
les bureaux du capitaine-major d'un régiment, d'avoir préparé frauduleusement des congés destinés à libérer des soldats n'y ayant pas droit,
et d'avoir glissé ces congés parmi d'autres pièces envoyées à la signature
du général, qui, par suite, les a approuvés de confiance, ne constitue
pas le crime de faux. (*Cass.*, 20 *août* 1857.)

La fausse signature des fournisseurs, apposée sur le livret d'ordinaire,
ne constitue pas le crime prévu par cet article qui ne réprime que le faux
commis par les *administrateurs* ou *comptables* militaires, en raison de
leurs fonctions, pour justifier de l'emploi de fonds dont ils ont le manie-
ment. De ce que les livrets sur lesquels les fournisseurs constatent qu'ils
ont été payés ont un caractère essentiellement privé, il en résulte que
toute altération ou falsification de ces écritures doit être considérée
comme tombant sous l'application de l'article 150 du Code pénal. (*L.
minist.*, 22 *décembre* 1860.)

On doit assimiler la falsification des *permissions* délivrées par les
corps, à celle des passeports ou feuilles de route prévue par l'article 153
du Code pénal, et elle doit être réprimée par cet article. (*L. minist.*,
24 *août* 1861.)

comptable militaire, qui fait sciemment usage, dans son service, de faux poids ou de fausses mesures [1].

259. Est puni de la réclusion tout militaire, tout administrateur ou comptable militaire qui contrefait ou tente de contrefaire les sceaux, timbres ou marques militaires destinés à être apposés, soit sur les actes ou pièces authentiques relatifs au service militaire, soit sur des effets ou objets quelconques appartenant à l'armée, ou qui en fait sciemment usage.

260. Est puni de la dégradation militaire tout militaire, tout administrateur ou comptable militaire qui, s'étant procuré les vrais sceaux, timbres ou marques ayant l'une des destinations indiquées à l'article précédent, en fait ou tente d'en faire une application frauduleuse ou un usage préjudiciable aux droits ou aux intérêts de l'État ou des militaires.

---

(1) Il faut entendre par faux poids et fausses mesures les instruments de pesage ou de mesurage qui sont, non pas seulement irréguliers, mais inexacts.

CHAPITRE·X.

Corruption, prévarication et infidélité dans le service de l'administration militaire.

261. Est puni de la dégradation militaire tout militaire, tout administrateur ou comptable militaire coupable de l'un des crimes de corruption ou de contrainte prévus par les articles 177 et 179 du Code pénal·ordinaire.

Dans le cas où la corruption où la contrainte aurait pour objet un fait criminel emportant une peine plus forte que la dégradation militaire, cette peine plus forte est appliquée au coupable.

S'il existe des circonstances atténuantes, le coupable est puni de trois mois à deux ans d'emprisonnement.

Toutefois, si la tentative de contrainte ou de corruption n'a eu aucun effet, la peine est de trois mois à six mois d'emprisonnement [1].

262. Est puni d'un an à quatre ans d'emprisonnement tout médecin militaire qui, dans l'exer-

---

[1] Les bureaux du capitaine-major d'un régiment forment une administration publique dans le sens de l'article 177 du Code pénal, et dès lors, les secrétaires de ces bureaux qui reçoivent des dons, etc., pour faire des actes de leurs fonctions non sujets à salaire, se rendent coupables du crime de corruption prévu par l'article 261. (*Manuel à l'usage des présidents des conseils de guerre. — M. Peloux.*)

cice de ses fonctions et pour favoriser quelqu'un, certifie faussement ou dissimule l'existence de maladies ou infirmités. Il peut, en outre, être puni de la destitution.

S'il a été mu par des dons ou promesses, il est puni de la dégradation militaire. Les corrupteurs sont, en ce cas, punis de la même peine.

263. Est puni des travaux forcés à temps tout militaire, tout administrateur ou comptable militaire qui s'est rendu coupable des crimes ou délits prévus par les articles 169, 170, 174 et 175 du Code pénal ordinaire, relatifs à des soustractions commises par les dépositaires publics [1].

S'il existe des circonstances atténuantes, la peine est celle de la réclusion ou de deux ans à cinq ans d'emprisonnement, et, dans ce dernier cas, de la destitution, si le coupable est officier.

264. Tout militaire, tout administrateur ou comptable militaire qui, hors les cas prévus par l'article précédent, trafique, à son profit, des fonds ou des deniers appartenant à l'Etat ou à des

---

[1] Il ne faut pas confondre le crime de concussion avec celui de corruption. Le crime de corruption se constitue par un accord entre le corrupteur et le fonctionnaire public corrompu (*Cass.*, 1er *octobre* 1852); le crime de concussion, au contraire, consiste dans le fait personnel, de la part du fonctionnaire ou de l'agent, de percevoir, d'exiger ou de recevoir ce qui n'est pas dû. Ces deux crimes peuvent résulter du même fait.

On peut définir la concussion : toute perception illégale faite avec connaissance de l'illégalité par les agents ou commis préposés à une perception publique.

militaires, est puni d'un emprisonnement de un an à cinq ans [1].

265. Est puni de la réclusion tout militaire, tout administrateur ou comptable militaire qui falsifie ou fait falsifier des substances, matières, denrées ou liquides confiés à sa garde ou placés sous sa surveillance, ou qui, sciemment, distribue ou fait distribuer lesdites substances, matières, denrées ou liquides falsifiés [2].

La peine de la réclusion est également prononcée contre tout militaire, tout administrateur ou comptable militaire qui, dans un but coupable, distribue ou fait distribuer des viandes provenant d'animaux atteints de maladies contagieuses, ou des matières, substances, denrées ou liquides corrompus ou gâtés [3].

---

(1) Les mots : hors les cas prévus par l'article précédent insérés dans le texte de l'article 264 feraient supposer que le trafic, au profit du coupable, des fonds et deniers qu'il a en sa possession, se trouverait prévu par des dispositions autres que celles de cet article. C'est une erreur. L'article 263 réprime les soustractions ou détournement qui sont plus et autre chose que le simple trafic qui laisse nécessairement supposer qu'il n'y a pas eu détournement. (V. *Foucher.*)

(2) La falsification consiste dans tout mélange qui altère la qualité naturelle de la chose livrée, quand ce mélange n'est pas connu de celui qui reçoit la chose. Ainsi il y a falsification dans le mélange de vin rouge avec du vin blanc, — d'eau avec du lait, — de farine de maïs, de seigle, de haricots,... avec des farines de blé. (*Cass.*, 27 *février*, 28 *février et* 28 *novembre* 1857.)

(3) L'article 265 ne veut réprimer que la distribution faite sciemment de certaines denrées, de certaines viandes, à cause des effets qu'elles peu-

S'il existe des circonstances atténuantes, la peine de la réclusion est réduite à celle de l'emprisonnement d'un an à cinq ans, avec destitution, si le coupable est officier.

CHAPITRE XI.

Usurpation d'uniformes, costumes, insignes, décorations et médailles.

266. Est puni d'un emprisonnement de deux mois à deux ans tout militaire qui porte publiquement des décorations, médailles, insignes, uniformes ou costumes français sans en avoir le droit.

La même peine est prononcée contre tout militaire qui porte des décorations, médailles ou

---

vent produire sur la santé, mais non ces effets eux-mêmes, de même que dans le 1er § la loi punit la falsification et la distribution des choses falsifiées, sans même vouloir distinguer, comme le fait la loi commune, la nature plus ou moins nuisible de la falsification et les effets que cette falsification pouvait produire.

Toute autre interprétation aurait pour conséquence d'établir entre les deux paragraphes, en ce qui touche aux éléments constitutifs de culpabilité, une différence qu'ils ne comportent pas, et de faire prononcer la même peine pour deux faits dont le second serait cependant beaucoup plus criminel que le premier; car, par la falsification ou la distribution de denrées corrompues, le coupable n'a en vue que son profit personnel, tandis que, par la distribution de viandes corrompues dans le but de nuire à la santé des hommes ou des animaux, le crime a pour mobile une pensée plus ou moins meurtrière bien autrement grave. (*Commentaire de Foucher.*)

insignes étrangers sans y avoir été préalablement autorisé [1].

TITRE III.

DISPOSITIONS GÉNÉRALES.

267. Les tribunaux militaires appliquent les peines portées par les lois pénales ordinaires à tous les crimes ou délits non prévus par le présent Code, et, dans ce cas, s'il existe des circonstances

---

[1] Cet article est applicable au port illégal du ruban de la Légion d'honneur, même sans la croix. (*Cass.*, 27 *juin* 1834.)

Ou du ruban de la croix de Juillet. (*Toulouse*, 31 *décembre* 1840.)

Il est également applicable aux Français qui portent des décorations étrangères qui ne leur appartiennent pas. (*Paris*, 9 *décembre* 1837.)

Ou dont le port n'est pas autorisé par ordonnance royale. (*Cass.*, 19 *janvier* 1839.)

Le prévenu de port illégal d'une décoration peut être absous s'il a agi de bonne foi. (*Cass.*, 29 *mars* 1833 — *Chauveau et Hélie.*)

D'après une circulaire du ministre de l'intérieur du 12 mars 1858, on ne peut porter ostensiblement que les médailles délivrées par le gouvernement, et non celles délivrées par des compagnies de sauveteurs, des compagnies d'assurances, etc.

Parmi les médailles décernées par le gouvernement, il en est même qui ne peuvent être portées en public; telles sont les médailles décernées aux membres les plus méritants des sociétés de secours mutuels. (*Martin.*)

On ne peut porter isolément que le ruban d'une croix, mais non celui d'une médaille. Toutefois, un usage, qui n'est que toléré, a fait admettre le port isolé du ruban de la médaille militaire. (V. *Journal gend.* 1857, p. 298.)

atténuantes, il est fait application aux militaires de l'article 463 du Code pénal.

268. Dans les cas prévus par les articles 251, 252, 253, 254 et 255 du présent Code, les complices, même non militaires, sont punis de la même peine que les auteurs du crime ou du délit, sauf l'application, s'il y a lieu, de l'article 197 du présent Code.

269. Aux armées, dans les divisions territoriales en état de guerre, dans les communes, les départements et les places de guerre en état de siége, tout justiciable des tribunaux militaires, coupable ou complice d'un des crimes prévus par le chapitre Ier du titre II du présent livre, est puni de la peine qui y est portée (1).

270. Les peines prononcées par les articles 41, 43 et 44 de la loi du 21 mars 1832 (2), sur le recrutement de l'armée, sont applicables aux tentatives des délits prévus par ces articles, quelle que soit la juridiction appelée à en connaître. Dans le cas prévu par l'article 45 de la même loi, ceux qui ont fait les dons et promesses sont punis des

_____

(1) Se combine avec l'article 197.

(2) Abrogée par la loi du 27 juillet 1872.

Les articles 41 et 44 sont remplacés par 63, 65 et 67 de cette loi, et l'article 45 par 66. L'article 43 n'a pas été remplacé, attendu que le fait de substitution et de remplacement frauduleux ne peut plus exister, la substitution et le remplacement n'étant plus permis.

peines portées par ledit article contre les médecins, chirurgiens ou officiers de santé.

271. Sont laissées à la répression de l'autorité
militaire, et punies d'un emprisonnement dont la
durée ne peut excéder deux mois :

1º Les contraventions de police commises par
les militaires;

2º Les infractions aux règlements relatifs à la
discipline.

Toutefois, l'autorité militaire peut toujours,
suivant la gravité des faits, déférer le jugement
des contraventions de police au conseil de guerre,
qui applique la peine déterminée par le présent
article.

272. Si, dans le cas prévu par l'article précédent, il y a une partie plaignante, l'action en
dommages-intérêts est portée devant la juridiction
civile.

273. Ne sont pas soumises à la juridiction des
conseils de guerre les infractions commises par
des militaires aux lois sur la chasse, la pêche,
les douanes, les contributions indirectes, les octrois, les forêts et la grande voirie.

274. Le régime et la police des compagnies
de discipline, des établissements pénitentiaires,
des ateliers de travaux publics, des lieux de détention militaire, sont réglés par des décrets du
chef de l'État.

275. Sont abrogées, en ce qui concerne l'ar-

mée de terre, toutes les dispositions législatives
et réglementaires relatives à l'organisation, à la
compétence et à la procédure des tribunaux militaires, ainsi qu'à la pénalité en matière de crimes
et de délits militaires.

Dispositions transitoires.

276. Lorsque les peines déterminées par le présent Code sont moins rigoureuses que celles portées par les lois antérieures, elles sont appliquées
aux crimes et délits non encore jugés au moment de sa promulgation.

277. Jusqu'à la promulgation du nou u Code
maritime, les conseils de guerre maritimes permanents appliqueront les peines prononcées par
le livre IV du présent Code, dans les cas qui y
sont prévus.

FIN.

TABLE ALPHABÉTIQUE DES MATIÈRES.

A

D

E

F

G

H

J

L

M

N

O

P

R

S

T

U

V

FIN DE LA TABLE ALPHABÉTIQUE DES MATIÈRES.

BAR-LE-DUC , IMPRIMERIE CONTANT-LAGUERRE.

www.ingramcontent.com/pod-product-compliance
Lightning Source LLC
Chambersburg PA
CBHW070754270326
41927CB00010B/2127